作業療法士がすすめる

認知症ケアガイド

著　ローラ・N・ギトリン
　　キャサリン・ヴェリエ・ピアソル

訳　西田　征治　NISHIDA Seiji
　　小川　真寛　OGAWA Masahiro
　　白井はる奈　SHIRAI Haruna
　　内山由美子　UCHIYAMA Yumiko

行動心理症状の
理解と対応＆活動の用い方

A CAREGIVER'S GUIDE TO DEMENTIA
Using Activities and Other Strategies to Prevent,
Reduce and Manage Behavioral Symptoms
Laura N. Gitlin　Catherine Verrier Piersol

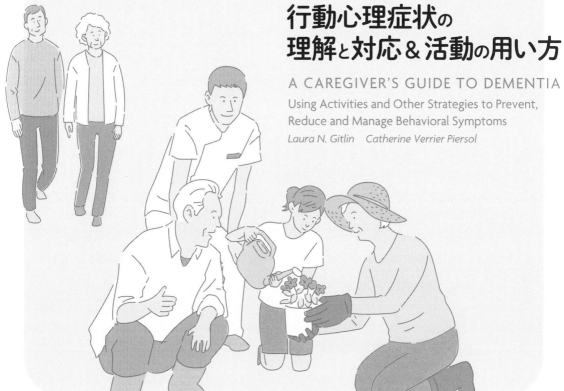

クリエイツかもがわ
CREATES KAMOGAWA

謝　辞

　この本の内容の一部は国立衛生研究所、ペンシルベニア州保健局、アルツハイマー病協会、高齢化対策局の基金で行われた研究で開発されたものです。私たちはこの本の中に含まれている対応方法の発展に貢献してくれた多くの人たちに感謝をしています。その中には、私たちの研究に関わってくれた作業療法士や家族介護者が含まれています。とりわけ、草案の作成に貢献していただいたメアリー・コルコラン博士と、トレーシー・ヴァウス・アランド博士には感謝を申し上げます。

　この本は家族や介護者が自身のために、あるいは根拠に基づいた介護者教育や技術習得プログラムとして使用することができます。

はじめに

　今日、世界は高齢化が進み、長生きができる時代となりました。しかし、そこには人類にとっての挑戦的課題もあります。認知症にとって年齢は最も大きな危険因子であり、加齢によって有病率は増加し、重度認知症のある人も世界中で増加しています。現在、世界の認知症人口は4,700万人以上であり、2050年までに１億3,500万人に増えると予想されています。これは、現代において、最も重要な公衆衛生の課題の１つだと言えるでしょう。認知症は本人だけでなく、この進行性の病気を通して介護や援助を最前線で行う家族にも影響します。認知症は、最も障害や負担が大きくなる病の１つであるため、認知症のある人やその家族をサポートする方法を見つけることが重要です。私たちはこのことに注目し、すぐに行動を起こさなければなりません。

　認知症の症状の核になるものは、機能の低下や変化、焦燥感、必要なケアの拒否、落ち着きのなさ、繰り返しの質問、また、行動の開始、問題解決、整理したり計画を立てることが難しくなる遂行機能障害などの、行動・心理症状を含む広範囲な臨床症状です。これらの症状により介護者は苦痛を感じます。治療によって寿命を延ばしたり生活の質を向上させることが可能な心臓病、脳卒中、がんといった病気とは異なり、認知症を完全に防いだり進行を遅らせたり、家族介護者を的確にサポートできる治療薬のようなものはありません。
　残念なことに、現在のケアシステムは、認知症のある人の症状に対応したり、生活の質をサポートする家族への手助けが乏しい状態です。ほとんどの家族や医療関係者は、日々どのように対応するか自分たちで見つけていかなければなりません。

　しかし、良いニュースはあります。認知症のある人と介護を提供するパートナー両方の生活の質向上に有意義な効果があることが実証済みの方法があるのです。ただ、これらの方法を普及させ、医療関係者がその方法を用いて、家族が自分の苦悩を軽減し、認知症のある人の生活をより良くするために何ができるかを認識できるようにすることは難しいことでした。

　この本には、家族や医療関係者が簡単に使える、幅広い内容の対応方法が書かれています。この本に出てくる対応方法は、ランダム化比較試験から導き出され、研究論文から選び抜かれたものです。これらは、家族をサポートする様々な方法を広範囲に評価し

たものの中から、ベストな方法を示しています。この本は短時間でわかるガイドブックとして、または参考文献として、必要に応じて使うことができます。対応方法は、臨床で起こっている問題ごとにまとまっており、コミュニケーションを取ったり、アクティビティ（活動）を使用したり、日々の活動を簡単にしたり、認知症がどの進行程度であっても、より良く生きる（ウェルビーイング）ことを促進するために環境を調整したり、認知症のある人やその家族介護者のどちらも暮らしやすくなる方法が書かれています。この本に書かれている対応方法は、家庭、病院やその他の医療機関、地域でのプログラムや長期の入居施設などでも使用できます。

　もし、あなたが認知症のある人と関わる家族や医療関係者であれば、この本が手助けになるでしょう。この本は、認知症に関わる現場で起こる臨床症状に対処し、すべての人たちが少しでもより良い生活ができるように、日々取り組める行動について書かれた本です！

2020年5月

ドレクセル大学 看護健康専門職カレッジ長／特別教授
アメリカ老年学会名誉上級会員
アメリカ看護アカデミー名誉上級会員
アメリカ作業療法協会会員

ローラ・N・ギトリン

翻 訳 の 序

　この本は、2017年に米国作業療法学会に参加した際にギトリン教授から紹介していただいたものです。ギトリン教授は長年にわたり認知症のある人にとって価値ある活動を生活の中に取り入れ、それを支援する技能を家族に教育するプログラムの開発に携わってこられました。現在そのプログラムはTAP（tailoring activities for persons with dementia and caregivers）としてまとめられ、その効果が確かめられています。ギトリン教授、ピアソル教授の一連の研究や実践を通じて明らかとなった、家庭で介護者が認知症のある人を介護する上で必要とされる知識や技能が、この本にはふんだんに記載されています。家族を含む介護者はこの本を活用することにより、活動の使用や認知症の行動症状を予防したり減少させる方法を学ぶことができます。

　近年、パーソン・センタード・ケア（その人の立場に立ったケア）が推奨されていますが、この本にはその言葉は出てきません。認知症のある人が取り組む活動を特定するのにその人の生活歴、嗜好を参照するよう推奨していることを鑑みるとパーソン・センタード・ケアの要素は含まれていると言えますが、基本的には介護者が認知症のある人の行動症状にどのように対応したらよいか、どのように生活を管理したらよいかという視点、つまり介護者中心のケアの視点に立っています。そのためパーソン・センタード・ケアの視点に立って考えた場合に、そぐわないと考えられる記述（例えば、「服を自分では脱ぎにくい状態にする」など）には注釈をつけたり、修正・削除しました。また、日本の文化や習慣にそぐわない部分（例えば、銃の管理）についても同様に取り扱いました。

　章立てされた項目には、行動症状への対応の基本的な考え方、日常のケアでの活動の使用、効果的なコミュニケーション、安全な住環境づくり、認知症のある人の健康支援、介護者の健康管理、行動心理症状の理解と対応、ワークシートがあります。行動心理症状には、不穏、繰り返しの質問など17個の行動が取り上げられ、それがどのようなもので、なぜそのような行動が起きるのか、そのきっかけや対応法にはどのようなものがあるのかがわかりやすく説明されています。ワークシートは行動症状に対して最も効果的な対応方法を介護者が見つけ、利用するのを手助けしてくれるものです。

　この本は認知症のある人を直接介護する家族や介護士だけでなく、家族に介護の指導や教育を行う作業療法士、理学療法士、看護師など専門職に役立つものになっています。この本を通じて認知症のある人を介護する人たちの介護力が増し、介護のストレスが軽減され、ひいては認知症のある人がより自分らしく幸せに暮らせることにつながれば幸いです。

訳者を代表して　西田征治

CONTENTS

Part 1

行動症状への対応の
基本的な考え方

1 行動症状 *1

　認知症のある人のケアで最も大きな課題の1つは、対応困難な行動が起きるのを予防し、管理することです。行動症状はおよそ万国共通のものであり、認知症の進行段階やタイプに関係なく起こります。認知症のある人のほとんどは病気の進行に伴い、何らかの行動症状を経験するものです。行動の中には認知症のある人にとって危険であったり、平静を乱したりするものがあります。また、周囲の人にストレスを与えたり、混乱させたりするものもあります。

　日々のケアの一部として活動を取り入れることは、悩ましい行動が生じるのを予防したり、その頻度を減らしたりするのに役立ちます。他の対応策が必要になることもあるでしょう。なぜ行動症状が生じるのかは明らかではありません。行動の中には、病気による脳の損傷が原因のものもあるでしょう。その一方で、対応可能な原因が複数同時に重なって生じるものもあるでしょう。行動に影響を与える原因が、医学的な状態による痛み、睡眠不足や安全を脅かされる感情のように、認知症のある人に由来する場合もあれば、複雑な説明、ストレスや途方に暮れた状態にさらされるなど、介護者に由来する場合もあります。また、刺激が強すぎる、あるいは弱すぎたり、散らかっていたり、照明が暗かったり、手がかりが少なかったりといった物理的環境にある場合もあります。

　次の章では、家族が対応困難だと感じる一般的な行動、可能性のある要因、状態、あるいはこれらの行動に影響を与える「きっかけ」*2、行動が起きるのを予防したり、最小限にしたりするのに役立つ要因の修正、あるいはなくすための特別な方法や対応策について深く考えます。これらの対応策は活動に加えたり、組み合わせたりして使います。

＊1　原文では「challenging behaviors」と書かれています。認知症のある人の立場に立てば環境に適応して生活しようと挑戦している行動と捉えられますが、介護者の立場に立てばかつて問題行動と呼ばれていた行動と捉えられます。本書は介護者向けに書かれた書籍であることから、介護者の立場に立ち「行動症状」と訳しています。

＊2　原文では「triggers」と書かれています。これは認知症の行動・心理症状を引き起こす誘因、引き金のことを意味します。

2 行動症状を引き起こすよくあるきっかけ

認知症のある人に由来するきっかけ

- 医学的な状態による痛みや不快
- 疲労や睡眠不足
- 過剰な刺激
- 少ない刺激や退屈な状態
- 恐怖を伴う驚き（ビックリ）
- 混乱、時間や場所がわからない
- 欲求不満
- 不安や心配
- 恐れ
- 空腹
- 暑すぎる、寒すぎる

介護者に由来するきっかけ

- 介護者のストレス、困惑、うつ傾向
- 認知症のある人とのよくない関係性
- 好ましくないコミュニケーションの取り方
- 介護者の不健康な状態

環境に関連するきっかけ

- 刺激が少なすぎる
- 刺激が多すぎる
- 明るさ不足
- 道がわかりにくい
- うるさすぎる
- 暑すぎる、寒すぎる

3 行動を引き起こす可能性のある きっかけの理解、見極めと修正

　行動症状は医学的な問題によって引き起こされるかもしれません。特に、行動が急に生じたり劇的に頻度が減少したりする場合は、医学的な状態を考慮すべきです。認知症のある人の担当医師に、次の要素が行動に影響しているかを確認するのが大切です。

医師に尋ねること

- 薬の副作用が行動の原因となっていませんか？
- 複数の薬の相互作用が行動を引き起こしていませんか？
- 行動に影響を与える尿路感染や副鼻腔炎あるいは
  他の病状（例えば、貧血）はありませんか？
- 痛みや不快感をもっていませんか？
- 脱水や便秘になっていませんか？
- 行動を悪化させる眼や耳の問題はありませんか？

　行動を引き起こす潜在的なきっかけを明らかにするために、その行動が起きている状況を確認する必要があります。次の質問を自分自身に確認しましょう。

- その行動はどこで起きていますか？
- いつ起きていますか？
- どれぐらいの頻度で起きていますか？
- 誰といるときに、その行動が起こりますか？

　例えば、その行動が起きるのは、家を離れているときでしょうか、あるいは食事や着替えをしているときでしょうか？　これらの側面を検討することによって、行動に影響を与えるかもしれないきっかけを明らかにすることができ、行動を修正できるでしょう。この本の Part 8 の ワークシートにある「2 行動把握フォーム」（129ページ）を使って1〜2週間行動を把握しましょう。
　次に、結果をよく考えましょう。行動が起こったとき、あるいは行動の直後にあなたや認知症のある人に何が起こっているでしょうか？

例えば、混乱した状態になっていませんか？　怒りや欲求不満を表出していますか？　認知症のある人はさらに興奮していませんか？　行動が起こった後に何が生じているか、なぜその行動が起こっているかを記録するためにワークシート「2　行動把握フォーム」を使うとよいでしょう。

4　どのように行動に対応したらよいのでしょうか？

次のステップとしては、行動前、行動中、そして行動後に何が起こったかという情報を集め、それに基づいて行動の予防や軽減のための、あるいは行動に対応するための対策をブレインストーミングします。

■　ブレインストーミングは新しいことや総合的なアイデアを、効果的か否かの判断を早急に行わず、継続的に考えることによって、特別な問題を解決する手法です。10分程度のブレインストーミングをした後に、立ち戻って自分の考えやそれらが実行可能かを批判的に吟味しましょう。医療福祉の専門家やこれらの問題を経験した他の知人と一緒にブレインストーミングするのもよいでしょう。次に示すのはブレインストーミングのための一般的なガイドラインです。
- □　常に一度に1つの行動に取り組みましょう。
- □　何が自分の目標か考えましょう（例えば、行動を予防する、その発生を最小限にする、行動が起こった場合は、より安全を図る、など）。
- □　どのようなきっかけ（症状を引き起こす誘因）を変えることができるか考えましょう。
- □　このガイドにある対応策を振り返りましょう。
- □　あなたにとって最もうまくいっている特別な対応方法を確認しましょう。

■　行動の発生が最小限になるように、あるいは発生した行動にうまく対処できるように対応方法を考えます。その対応方法により認知症のある人が安全・快適で満足のいく状態を維持できるかもしれませんし、あなたのエネルギー、時間、忍耐力や経済的資源を蓄えることができるかもしれません。

ブレインストーミングの後に1つ以上の対応方法を実行してみましょう。
■　選択した対応方法を1つ以上試しましょう。

■ 一度に１つの対応方法だけを試す、あるいは行動によってはいくつかの対応方法を試しましょう。
■ 認知症のある人の行動の変化に気づくには、１～２週間対応方法を試す必要があるかもしれません。
■ 対応方法が行動を悪化させることに気づいたら、続けるのをやめましょう。
■ 自分の状況を振り返るために、医療福祉の専門家と協働することはよいかもしれません。
■ コミュニケーションに関して対応を考えることは高い効果があるので、最初に試しましょう。

　最後に、対応方法が効果的か否かを評価しましょう。それはうまくいっていますか？
■ 行動症状を減らす、あるいは対応に役立つような方法を記録、あるいはモニターしましょう。
■ もし対応方法がうまくいっていないようなら、ブレインストーミングリストから他の方法を選んで試してみましょう。それから、その行動に対処する他の対応方法を明らかにするために、他の家族や、医療福祉の専門家、かかりつけ医とその行動について相談するとよいでしょう。

5　専門家の援助を探すとき

　このガイドを使用することや、認知症のある人の主治医と話すことに加えて、専門家と話すことが有益かもしれません。その専門家の職種のうちの１つが認知症ケアに造詣の深い作業療法士です。作業療法士は介護者がこのガイドを使って対応方法を実行するのを支援してくれます。医師は処方することができますが、作業療法士は何ができるのでしょうか？

■ 認知症関連の経験を有する作業療法士（OT）は次のことを専門にしています。
　□ 認知症のある人の能力を評価すること
　□ 日課や活動の使用を見極めるのを援助すること
　□ 認知症のある人にとって安全で、かつ介護者にとって介護が楽になるような家の環境の改善方法を助言すること

□ 介護者の状況にとって最もうまくいく特別な対応方法を見つけること

□ ストレスを軽減したり、介護者自身のケアを援助すること

■ 次のような状況のとき、医師に作業療法の紹介を依頼します。

□ 認知症のある人の家庭での安全を確保するのに援助が必要なとき

□ この本に書かれている対応方法を実行することや、現在の状況に適合する
よう対応方法を修正するのに援助が必要なとき

□ 認知症のある人が、ケアを拒否し続けたり、入浴、排せつ、更衣、食事や
整容に困難をかかえているとき

□ 認知症のある人を家でひとりにできるかどうか確信がもてないとき

□ 日課や自分自身の時間をとる計画を立てるのに援助が必要なとき

□ 認知症のある人が、何をできるかよくわからないとき

□ 活動を見つけたり、使用したりするのに援助が必要なとき

□ どのようなコミュニケーションの取り方が効果的かわからないとき

□ 認知症のある人を抱えたり、移乗するために、背中や首に凝りがあるとき

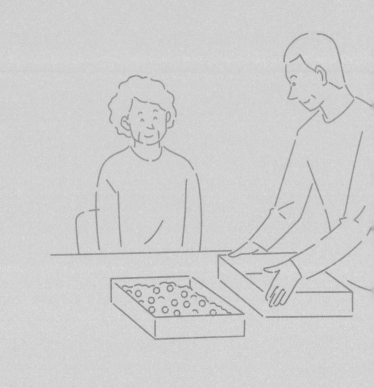

Part 2

日常のケアでの
活動の使用

1 なぜ活動が重要なのでしょうか？

　認知症のある人は病気の進行に伴い
多くの喪失体験をします。それには仕
事、車の運転、社会参加、かつての趣
味、あるいは以前と同じように身の回
りのことを行うといった、日々の活動
が難しくなることが含まれます。認知
症のある人は病気の進行に伴い、次の
ことが難しくなっていきます。それは、
どんな活動に参加するかを考えるこ
と、活動を始めたり、問題解決する方

法を理解すること、活動を行うために必要な順序に従うこと、活動を実行するとき
の間違いや正しい方法について理解すること、何をするのかをシンプルに理解する
ことです。認知症のある人にとって、認知機能が低下し、以前の価値ある日常の活
動を正しく行うことが難しくなり、退屈したり、欲求不満やうつを経験することは
よくあります。

　それにもかかわらず、認知症のある人は病気の経過を通して意味ある方法で日常
の活動にたずさわり、参加し続ける必要があります。一般的な活動に参加すること
は、自己同一性（自分が何者であるのか）の感覚を強め、病気の段階に関係なく意
味と目的を与えます。認知症のある人が目的を感じながら意味ある活動に関わるの
を援助することは、忍耐を必要とするものです。

　認知症のある人が興味や意味をもつ活動に参加できる方法を見つけることは重要
なことです。認知症のある人に対して活動への参加を援助することは、QOL（生
活の質）を維持、あるいは向上するための重要な部分であり、日常におけるケアの
アプローチの一部です。活動には更衣、入浴、食事の準備といった日課、ガーデニ
ング、散歩、興味のある写真を見ること、体操、ビーズやコインを並べること、落
ち着いた音楽を聴くこと、ミュージカルや興味のあるビデオを観ることといった趣
味が含まれます。

　ほぼすべての活動は、認知症のある人が効果的かつ意味あるかたちで参加できる
よう、認知機能レベルに合わせて設定できます。認知症のある人の興味と能力に適
合した活動を紹介することは、認知症のある人と家族介護者の両者にとって利益が
あります。

2 活動の利点は何でしょうか？

> ### 活動は認知症のある人の自己肯定感や幸福感を促進します

　すべての人は必要とされ、役に立っているという感覚を必要とします。洗濯のような日常活動を行うこと、あるいは音楽鑑賞、ビーズ手芸や散歩のような楽しみや喜びの活動をして過ごすことは、目的や達成感を与えてくれます。何かにたずさわることは人の存在や生活の質にとって重要な部分です。人は、活動に取り組むことで、自己の価値や安心感、自己肯定感を得たりします。

> ### 活動は、認知症のある人と介護者を不安にさせるような行動を予防し、気分を改善することができます

　認知症のある人が活動に取り組めないとき、退屈、欲求不満、イライラ、動揺といった精神状態になるかもしれません。適切な活動の選択や参加の方法を紹介できる知識をもっていることは、このような精神状態や、それに伴う行動の発生を予防できるでしょう。日常の活動に組み込まれた定期的でいつも通りの日課をもつことは、個人の気分を改善するかもしれません。

> ### 活動は介護をより容易にします

　認知症のある人が楽しい活動に取り組むことは、介護者に自由な時間を与えてくれます。また、介護者が認知症のある人と一緒に楽しめる活動にたずさわることは、介護者にとっても良い感情を与えてくれるでしょう。

3 どのように活動を日々のケアに活用したらよいのでしょうか？

　認知症のある人には、活動に効果的に取り組んでもらうために、様々な方法で援

助する必要があるかもしれません。ここでは認知症のある人が援助を必要とするかもしれない主な領域をいくつか示します。

- 活動を見つけること
- 活動をセッティングすること
- 活動を始めること
- 何をするのか、あるいは活動にどのようなステップがあるのかを知ること
- 活動を計画すること
- 安全に活動に参加すること
- いつ活動をするのかを知ること

　認知症のある人の援助を必要とする領域を明らかにすることによって、介護者はその人が効果的に活動に取り組むのを援助することができます。もし認知症のある人が活動を始めるのが難しければ、開始を援助するための言語的な「促し」や「手がかり」を使うとよいでしょう。例えば、「お母さん、これはお母さんが好きな写真アルバムよ。この写真をちょっと見ましょう」と援助するとよいでしょう。次に段階的アプローチを見てみましょう。

STEP 1　活動を見つける

■　認知症のある人は、したい活動を見つけたり、設定したり、順序よく進めること、あるいは、何をするかを理解することに援助が必要かもしれません。

■　活動を見つけるために、認知症のある人が以前はどのようなことをよく行っていたか、あるいは現在もまだ好きなことは何か、と考えてみてください。例えば、認知症のある人が以前主婦（夫）だった場合、あなたが買いものリストを作るのを助けること、タオルを洗うことや靴下をたたむことが、定期的で意味ある活動になるかもしれません。もし認知症のある人が過去に手を使う作業をしていたら、もしかすると、ビーズやコインを並べたり、塗り絵や、簡単な木片を削ったり磨いたりするようなクラフト活動に取り組むかもしれません。

■ 認知症のある人が活動に参加できるよう、いくつかの活動が見直されたり単純化されるとよいでしょう。活動を見つけることが難しいと心配しなくてもよいのです。認知症のある人がしたいと表現した活動、あるいは以前に没頭していた趣味、仕事、よく参加していた活動のように楽しめると思われる活動を見つけることに焦点を当てましょう。

■ 病気の初期段階の人には、したいことや現在好んでしていることについて会話する時間をもちましょう。

■ 病気が軽度から中重度の段階の人には、次のような活動を考慮しましょう。
　□ とてもなじみがある（かつてよくしていた）
　□ テーブルや窓を拭くような大きな身体運動（粗大運動）を含む
　□ 単純でなじみのあるものを使う（例えば、認知症のある人が以前デスクワークをしていた人なら、ノート、電話のメモ帳を渡す）
　□ 反復されるもの（例えば、掃除機を使う、1つの容器から他の容器にビーズを移す）
　□ 段階ごとに指示ができる
　□ 過去の興味や役割が表現できる
　□ ゲームのように競争するものではないこと
　□ （競争するゲームの場合は）ルールが緩和できる。なぜなら認知症のある人はルールに従ったり、以前の方法で遊べないかもしれないけれど、まだ参加することで楽しめるかもしれないから
　□ 競争的ではなく、レジャーや仕事のような作業に本人の好みを反映させる

■ 病気が重度から終末の段階にあるが、まだ環境に反応できる人には、落ち着く音楽を聴いてもらったり、動物、赤ちゃん、自然関係のビデオを見てもらったり、より受け身的な活動を考えてみましょう。また、風船投げをしたり、椅子に座って行える簡単な運動を考えてみましょう。

活動のための環境設定

■ 活動を行う場所を確認しましょう。場所を選択するときに、次のことを考えましょう。

    ☐ その活動をするのに、明るさは適していますか？

    ☐ その活動をするのに、広さは適していますか？

    ☐ その活動に参加するのに、椅子やシートの配置は適切ですか？

■ テーブルや椅子を認知症のある人にとって最適な高さに調節しましょう。最良の座った姿勢は、足の裏が床につき、背中がまっすぐで、テーブルは腰のくびれくらいの高さになります。より安定させるために椅子には肘掛けがついているものがよいでしょう。もし認知症のある人の足が床に届かない場合は、電話帳のような分厚い本や、箱、踏台を足の下に置いてみましょう。

■ 適切な明るさを確保しましょう。テーブルやカウンター、作業場に適切な照明器具を設置しましょう。加齢に伴い目はギラギラした光（グレア）に敏感になります。次のようにしてギラギラした光を弱めましょう。

    ☐ 屋外活動用の偏光サングラスを使用する

    ☐ ピカピカで反射するような床は避ける

    ☐ 窓の下のむき出しの床に滑らない敷物を敷く

    ☐ 目印には暗い背景に明るい文字を使う

■ 認知症のある人の気が散らないように、活動が行われる場所から不要なものを片付けましょう。

■ 認知症のある人が気づく場所に、興味のある物品、ゲーム、塗り絵など、活動の材料や道具を置いておきましょう。

■ 興味がうすれたら、能力に合った他の活動を準備しましょう。

■ 認知症のある人に使えることがわかるように、いくつかの物品を必ず彼らの見える場所に置きましょう。

■ もし活動が自由にゴルフのパターをすることや、歩き回ることであれば、活動を単純にしたり、家の安全な1つの場所、例えばリビングルーム、ガレージや庭で行いましょう。

■ 見ることで気が散るようなものを隠すために、スクリーンやカーテンを使いましょう。

■ もし認知症のある人を見守る必要がある場合は、見守りやすい場所で活動をしてもらいましょう。例えば、食事の準備をするときには、活動の場所として台

所のテーブルを使いましょう。

■ 活動の材料は、容易に手に取って使えるよう整理箱に入れておきましょう。そうすることで活動の準備を素早くすることができます。これはとりわけ、その人の気を紛らわすため、あるいは不穏な状態になる直前や不穏になった直後、その状態を緩和する際に重要となります。活動の材料を整理しておくことで、認知症のある人はその活動が簡単に取り組めるのだと感じやすくなります。

■ ものを見分けやすくするために「暖かい」色を使いましょう。暖かい色には黄色、オレンジ、赤が含まれます。「冷たい」色、例えば、緑や青は避けましょう。それは、歳をとり、視覚が変化するので、これらの色を見分けるのが難しくなるからです。

■ 認知症のある人と情報を交換するために使用する写真、また、文字のサイズや書体を太くし、濃い色の文字を使いましょう。視力や認知機能が変化するので、これらのテクニックは認知症のある人が情報を見たり理解したりするのを助けるでしょう。

STEP 3　活動の導入

■ 活動を導入する際に、介護者が認知症のある人にしてほしいことをさせようとして、無理に体を押したり引いたりしてはいけません。次の方法を試してみてください。

　□ 認知症のある人の後ろや横に移動して、肘を持って穏やかに一緒に歩きましょう。

□ 認知症のある人が行こうとしている場所を静かにしておきましょう。

□ もし認知症のある人が抵抗しても、強要してはいけません。

□ 成功感を味わえるよう、活動のルールや標準を柔軟にします。例えば、ベッドメーキングが正しく行われていなくても気にしてはいけません。認知症のある人の努力を褒め、失敗を見逃してあげましょう。

■ 成功体験を積み上げましょう。認知症のある人がゲームに勝つようにしましょう。課題を完了したことや、その結果を称賛しましょう。認知症のある人が介護者を助けることや、介護者と一緒に過ごすことがいかに素晴らしいかをコメントしましょう。介護者が望む行動には称賛し、望まない行動は見逃しましょう。もし望まない行動に耐えがたくなったら、認知症のある人の気を紛らわしましょう。

■ 調子が「悪い」日には、活動の複雑さを軽減させましょう。例えば、認知症のある人は気分が悪い日や混乱しているように見える日があるかもしれません。活動をより容易にするために、次のことを試してみましょう。

□ 物品や選択の数を減らすこと。例えば、もし調子が「悪い」日に、その人がビーズの作業で様々な色を並べるのを楽しんでいるなら、ビーズの色を2色（黒と白のビーズ）に限定したり、1つの箱から他の箱にすべてのビーズを移すだけにする。

□ より多くの言語的な援助を与える。

□ ルールを単純にする。

参加の増加

■ 認知症のある人が活動に効果的に参加するために必要な援助のレベルやタイプ
は様々です。認知症のある人への観察を通して、認知症のある人たちにとって
難しいことを明らかにすることができるかもしれません。認知症のある人は次
の領域の1つ以上に難しさをもっています。

□ 開始：活動を開始するのが難しい

□ 順序：活動の段階を調整したり、順序づけたりすることが難しい

□ 整理：活動に必要な材料を集めたり、整理することが難しい

□ 計画：どのように活動を実施したり、計画したらよいかを決定するのが難
しい

□ 実行（遂行）：活動を全体にわたって実行し、判断よく安全に行うことが難
しい

■ 言語的、非言語的（ジェスチャーなど）の対応方法を使うことが、認知症のあ
る人の活動の開始、順序、整理、計画、実行（遂行）を助けてくれます。これ
らの対応方法は「手がかり」と呼ばれており、活動にうまく参加できるように
援助してくれる外部サポートです。外部の手がかりには、視覚、聴覚や触覚情
報が含まれ、これらは認知症のある人が活動に参加する手がかりとなります。

■ 以下のような手がかりや促しを用いることを検討しましょう。

4 検討すべき手がかりや促しのタイプ

病気の進行に伴い、活動を単純化する必要があるでしょう。この本の対応方法を
参照し、Part 8 のワークシートを使って、活動を単純化する方法を記録しましょ
う。

○ 手がかりの必要なし

認知症のある人が安全に活動を行う（開始、順序、整理、計画、実行や遂行する）
のにまったく手がかりの必要がない。

○ 非直接的な言語的手がかり

　初期の認知症のある人には、開放型の質問のようないくつかの言語的な促しが必要かもしれない。例えば、「次に何をするのでしたか？」。

○ ジェスチャーによる手がかり

　中等度の認知症のある人には、人を誘導するときに使うような身体的なジェスチャーや、行き先を指し示すような非言語的な促しが有益かもしれない。

○ 触覚的手がかり

　軽度、中等度、重度の認知症のある人には、腕を触る、活動が行われる場所に腕を組んで穏やかに案内するといった触覚的な手がかりが必要かもしれない。

○ 直接的な言語的手がかり

　中等度から重度の認知症のある人には、活動の開始や順序、十分な実行、遂行に、工程ごとの言語的指示が必要かもしれない。例えば、「箱にビーズを入れてください」「水を出してください」「歯ブラシを持ってください」。

○ 他の手がかり

　物品にラベルを貼ったり、大きな文字を使ったり、写真を貼ったり（靴下が入っている引き出しに靴下の写真を貼るなど）することが手助けになる。

5 活動の紹介

分類活動	• ポーカーゲームのチップ、コイン、ビーズ、トランプカード、プラスチック製の家庭用品。 • 形、色や大きさでものを分類する。
屋外活動	• くま手で土をかく、窓を洗う、簡単な園芸、鳥のために屋外に吊るすチェリオス（輪状のシリアル）を紐に通す、歩道やデッキを掃く、テラスの家具を拭く。
相互交流の活動	• ボールや風船を投げる、蹄鉄遊び（輪投げのような遊び）、子どもと遊ぶ、一緒に写真を見る、ペットと遊ぶ、歌や讃美歌を歌う、午後のお茶を楽しむ、ダンスをする、有名な言葉やことわざを二人で完成させる、五目並べをする。
繰り返し腕を動かす活動	• タオルや衣服をたたむ、じゅうたんに掃除機をかける、テーブルを拭く、木を磨く、ハンドローションで手をこする、床を掃く、毛糸をボール状に巻く、窓や車を洗う、落ち葉をかき集める。
「ウインドーウォッチング」活動	• 認知症のある人が窓やベランダから近隣の活動を眺めるのもよいでしょう。ただし、認知症のある人が窓から近隣を眺めることで、近所の人が困惑しないように配慮しましょう。
ウォーキング活動	• 認知症のある人にとって、ルートが安全であれば、他の人とのウォーキング活動は素晴らしい時間の過ごし方です。 • 認知症のある人は振り返ったり、方向転換するのが難しい場合があるので、ウォーキングのルートは環状にしましょう。もし、方向を変えなければならないなら、認知症のある人をいったん止めましょう。止めるときに何かを褒めることで気をそらしましょう。それから介護者が行きたい方向に何気なく再び歩き始めましょう。
他の活動	• スーパーのチラシや雑誌を見る、音楽を聴く、塗り絵をする、一緒にパズルをする、紙製のランチョンマットを飾る、生花を生ける、布製カードを縫う、レタスを洗う、じゃがいもや人参の皮をむく。

活動としての旅行や短い周遊旅行

■ 旅行をするのに、どのくらいうまく認知症のある人が遠出に対処し、日々の決まった活動に対応できるか評価しましょう。イライラ、極度のイライラや不安（破滅的な反応）、食欲喪失、睡眠困難はすべて、その遠出が認知症のある人にはあまりにも混乱を起こさせるものだったことを示しています。旅行のとき、認知症のある人は、たとえ旅行によく耐えたとしても、通常よりも混乱し、イライラしているかもしれません。

■ できる限り普段通りの日課を行いましょう。

■ 休憩の時間を計画しましょう（3回の休憩と食事が最適でしょう）。

■ 第三者に協力してもらうことを検討しましょう。旅行することはただ家にいるよりも、忙しくなります。

■ もし認知症のある人がトイレに行くのに援助が必要な場合は、公共トイレで使用する「使用中」の札を持っていきましょう。

■ 迷子になった場合のことを考え、認知症のある人の最近の写真を携帯しましょう。

■ 認知症のある人が日常で着る服をメモしたり、身分証を持っていることを確認しましょう。

■ 介護者の名前、ホテルの名前、自宅の緊急連絡者の名前、もしツアーでの参加の場合は、ツアーの名前の入ったカードを認知症のある人のポケットに入れましょう。

■ 周囲に見覚えがなく、混乱するので、いつも以上に更衣や入浴を援助する心づもりをしておきましょう。

■ 旅行計画を柔軟にし、出発や到着日は予想通りに行かない可能性があることを考慮して、スケジュールを空けておきましょう。

■ 現実的になりましょう。休暇は一般的に認知症のある人をリラックスさせるものでもなければ、必然的に「より良い」状態に戻すものでもありません。

■ もし飛行機に乗る場合は、認知症のある人と旅行することを航空会社に伝えましょう。

■ 着替えや、子ども用おしり拭きを携帯しましょう。

■ 快適に過ごせるなじみのあるものを携行しましょう。

⑥ 活動を行うための一般的なヒント

> ## 正しい方法や間違った方法はありません

■ 認知症のある人が安全である限り、活動を行う正しい方法や間違った方法はありません。例えば、もし認知症のある人がカードゲームのルールに従わなかったり、枠の外に色を塗ったりしても、大したことではありません。重要なことは認知症のある人が活動に取り組み、喜びを見出しているかどうかです。活動をするときにはルールを緩やかにしてみましょう。

> ## 活動と結びつくことがゴールです

■ 活動の目標は結びつくことです。結びつくことは心理や健康にとても有益なものです。目標は、新しく何かを学ぶことや記憶を改善することであってはいけません。例えば、雑誌や写真アルバムを見るとき、その目標は認知症のある人が写真を見て、写真について語ったりすることに結びつくことであり、そこから喜びを得ることです。目標は現在や過去の出来事や事実に関する記憶を呼び起こすことではありません。

> ## 多くを期待してはいけません

■ もしその人にとって食器を洗うことが楽しみの活動であるなら、ただただ洗うのを楽しんでもらいましょう。その皿はきれいになっていないかもしれませんが、それでよいのです。

活動を日課の一部にしましょう

■　認知症のある人にとって活動は、決まった日課として行うのがよいでしょう。特に中等度から中重度の段階にある人にはそうです。見通しが立ち、毎日の決まった日課を行うことで、認知症のある人が何をするべきなのかがわかりやすくなり、うまくできていると感じやすくなります。活動を行うとき、朝から午前中の早い時間までは、より活動的なものを選択し、午後の遅い時間や夕方の早い時間には、静かで、座って行う活動を選択しましょう。そうすることで就寝の準備をより良くできるでしょう。

興味のある活動を選択しましょう

■　積極的な関わりが生じるためには、活動は認知症のある人が興味あるものでなければなりません。もし活動がその人にとって興味が湧かないものだったら、他の活動を試してみましょう。認知症のある人が活動や取り組むことに興味があるかどうか話をしてみるとよいでしょう。活動に興味がある場合に共通するサインには、笑顔、喜びの言葉、静かに座っている、活動に注意を向けている、不穏や動揺が少なくリラックスしている、といったものがあります。認知症のある人は数分間活動に取り組み、立ち上がり、歩いて部屋を出ていき、そのあと活動に戻るかもしれません。それでもよいのです。この行動はその人の取り組み方であり、その人には活動を再開する前に休憩や歩き回ることが必要なのかもしれません。

その活動が興味あるものか判断しましょう

■　もしその認知症のある人が、好きなはずの活動に取り組みたいように思えないなら、他の日にその活動をすることを検討しましょう。最初にその活動を紹介

するとき、認知症のある人は疲れているかもしれませんし、参加したくないかもしれません。その活動に興味があるかを見るために、その活動を異なる3日間（3回）で試してみましょう。もし興味がないように見えたら、その活動自体には興味があるようだが複雑すぎるので単純化が必要かどうか検討したり、その活動にはまったく興味がないので行うべきでないかどうかを検討したり、効果的に取り組める活動の設定方法を検討したり（十分な明るさがあるか？椅子は適しているか？）、時間帯を検討したりしましょう（その人はお腹が空きすぎて活動に参加できないのではないか？）。

活動を急がないようにしましょう

■ 活動を行うとき、過程を急いではいけません。認知症のある人は活動を始めることや参加することに時間が必要かもしれません。認知症のある人に急がせる感覚を与えてはいけません。

落ち着いてリラックスした状態を維持しましょう

■ 落ち着いてリラックスしている環境をつくることは、認知症のある人が落ち着いてリラックスするために重要なことです。もし介護者が神経質で、悩み、急いでいると、認知症のある人は同じように感じ、動揺し不穏な状態になるかもしれません。介護者のやり方をマネジメントするのに役立つ深呼吸やストレスを軽減するテクニックを習得しましょう。これは認知症のある人が活動に取り組める環境をつくるのに役立つでしょう。

動揺や興奮を観察しましょう

■ 介護者は認知症のある人が活動によって動揺し、欲求不満や興奮状態になっていたらそれに気づくでしょう。そのような状態が生じるなら、その活動を中止

し、行わないようにしましょう。その活動はその人にとってあまりにも複雑かもしれませんし、その日は調子が悪い日なのかもしれません。

単純な活動を行いましょう

■ 目標が結びつくことであることを思い出してください。単純な活動は認知症のある人にとって最適で、楽しめるものになるでしょう（例えば、2色のビーズを並べる、箱にコインを置く、タオルを洗う）。

日常の活動に参加してもらいましょう

■ 認知症のある人が日常の活動に関わる方法を熟考しましょう。例えば食事の時間に、認知症のある人はレタスを洗ったり、ボールにすでにカットされたトマトや他のサラダの食材を盛りつけることができるでしょう。その人は言語的手がかりによって、皿をテーブル上に置くこともできるかもしれません。

褒めましょう

■ 認知症のある人に素晴らしい活動をしていることを必ず伝えてください。また、どれほどたくさん役に立っているかもしっかり認知症のある人に伝えてください。

Part 3

効果的な
コミュニケーション

1 コミュニケーションがカギとなる

認知症になると話したり理解したりすることが難しくなります。たとえ、認知症のある人の反応がわからなかったとしても、認知症のある人とコミュニケーションを取り続けることが大切です。認知症という病気が、コミュニケーションを難しくさせているのです。認知症のある人はコミュニケーションの方法を変えることができません。

効果的にコミュニケーションを取ることは、行動症状を予防するだけでなく、活動を有効に用いるためにも重要です。入浴、トイレ、散歩、アルバムを見るなど、あらゆる活動を行う際に、コミュニケーションのポイントをおさえるとよいでしょう。これらの良いコミュニケーションのポイントをおさえることで、認知症のある人と介護者に大きな効果をもたらすでしょう。

2 言葉を用いたコミュニケーション

> ### 認知症のある人が、介護者の言うことを理解し、返答するための十分な時間をとりましょう

認知症のある人は、介護者の言うことを脳で理解するために、少し時間が必要です。
- ■ ゆっくり話しましょう。
- ■ 何か言ったり質問をしたりした後に、（言葉に出さずに）5つ数えましょう。その間が認知症のある人が応えるための時間となります。

> ### 1段階か2段階の簡単な言葉を使いましょう

それにより、介護者が認知症のある人に行ってほしいことを簡単にしてもらうことができます。
- ■ それぞれの活動を、とてもシンプルなステップに分けます。そうすることで、

認知症のある人は活動に参加しやすくなります。

■ 認知症のある人が何をすればいいのかわかるように、とても具体的な言葉を使いましょう。

例えば、もし認知症のある人がベッドから立ち上がってトイレに行くのを援助したいならば、このように伝えるとよいでしょう。

① 私のほうに寝返りましょう
② 座りましょう
③ ここを持ちましょう（ベッドの柵を指さしながら）
④ 立ちましょう

抽象的な言い回しはやめましょう

■ 例えば、「着替えて」「何かリラックスできることをして」「寝る準備をして」などと言わないようにしましょう。これらの言い回しでは、認知症のある人は、どのように着替えればいいのか、どうリラックスすればいいのか、寝る準備をするために何をしなければならないのかがわかりません。

■ 代わりにもっと直接的に「シャツを着て」「ここに座りましょう」や「パジャマの上着を着て」と言うとよいでしょう。

2つ以下の簡単な選択肢の提示がよいでしょう

認知症のある人に選択権をもってもらうことで、自分で自分のことを決めるという感覚をもってもらいましょう。

■ 「どちらか、または両方」という選択肢を提示しましょう。

■ 「朝食に何を食べたいですか」とは言わないようにしましょう[*1]。

■ 「朝ごはんにシリアル（シリアルを指さしながら）と、卵（卵を指さしながら）、

[*1] 認知症が軽度であればオープンクエスチョン（開放型の質問）でもよいのですが、進行に伴い、回答範囲を限定する*2の例のようなクローズドクエスチョン（閉鎖型の質問）のほうが答えやすくなります。

どちらを食べたいですか？」と尋ねましょう[2]。

認知症のある人と対話するときには、このような言葉を使いましょう

- 「ゆっくりでいいですよ。あなたならできます」と、ポジティブな言い方で認知症のある人を励ましましょう。
- 「よくできましたね」と、認知症のある人の行動を肯定しましょう。
- 「すべてうまくいっていますよ」「大丈夫ですよ。すべてのドアと窓の鍵を閉めましたよ」といったように、穏やかな言葉を使いましょう。

これらの言葉は認知症のある人を助け、認知症のある人は安心します。

否定的な言葉を使ったり、否定的な関わり方をしてはいけません

このような言葉は認知症のある人を混乱させ、イライラさせます。

このような関わり方をしてはいけません

- 論争する
- 論理を使う
- 叱る、叫ぶ、大声で話す
- 怒りを見せる
- からかう

このような言い方をしてはいけません

- 「私を怒らせないで」
- 「どうしてあなたはそんなに頑固なの？」
- 「どうしてあなたは下品なの？」
- 「あなたは素敵じゃない」

あなた自身と他の人たちが誰なのかを伝えましょう

　認知症のある人が、介護者や家族や友人の名前を憶えているのか確かでないならば、これらの関わりをすることで、認知症のある人はより安心するでしょう。

- ■　認知症のある人と関わるときに、あなたが誰であるのかを伝えましょう。
- ■　あなた以外の家族や来客があった際には、その人のことを紹介しましょう。
- ■　認知症のある人を名前で呼びかけましょう。そうすることで、認知症のある人の注意を引きつけることができます。

認知症のある人が事実だと信じていることに寄り添い、論争したり、説得しようとしないようにしましょう

- ■　論争したり、説得しようとすると、介護者も認知症のある人もイライラし、事態をより悪化させます。介護者自身のためにも論争するべきではありません。認知症のある人の視点に立つことで、認知症のある人はより安心し、楽になれるでしょう。
- ■　例えば、ずいぶん前に死去した最愛の家族について、「亡くなった」と伝えてはいけません。認知症のある人はより混乱するだけです。認知症のある人が穏やかな気持ちになれるように「今日はあなたのお母さんは来られないのです」とか、「あなたのお母さんは大丈夫ですよ」と言いましょう。
- ■　もしくは、認知症のある人が、10年前に亡くなった夫が今日会いに来る、と言い張った場合、「会いに来たときは、起きて着替えをして準備をしましょう」と伝えましょう。[*3]

---

　*3　大切なことは、亡くなっていることを隠すことではなく、認知症のある人の視点に立った応対をすることです。ただ事実を伝えること、その場しのぎの応対をするのではなく、認知症のある人が故人のことをどのように認識しているのか、どのように応対すれば安心するのかを考えることが大切です。

> ## 認知症のある人が自分の思いを表現するための言葉を
> 見つけられるように援助しましょう

■ 認知症のある人が、考えを表現するのが難しいときは、何を言おうとしているのかを推測してみましょう。その推測が正しいのか、本人に尋ねてみましょう。例えば「あなたは、病院に行くためのバスに間に合うかを心配しているのでしょうか」や、「あなたは〜と言おうとしていますか」と尋ねてみましょう。

> ## コミュニケーションを取っている間は、
> 雑音や気を散らすようなものは排除しましょう

■ 介護者が認知症のある人に話しかけている間、認知症のある人は、介護者の言葉以外の雑音を"無視する"ことができません。ですので、認知症のある人は、会話に集中し、話す内容を理解することが難しくなります。例えば、テレビやラジオの音を消すようにし、決して同時に両方ともつけていることのないようにしましょう。

３ 言葉を用いないコミュニケーション

> ## 言語的な対応策と組み合わせて、
> 以下のポイントをおさえましょう

■ 認知症のある人に安心し、落ち着いてもらい、誘導しなおすために、軽く触れます。例えば、認知症のある人の腕を軽く持ち、優しく誘導します。

■ 表情に気をつけましょう。認知症のある人を励ますために笑顔を保ち、渋い表情でいたり、怒りや動揺を表情で表したりすることのないようにしましょう。

■ 認知症のある人を誘導するときには、言葉よりも合図やジェスチャーを用いましょう。指さしたり、触れたり、認知症のある人に手がかりになるものを手渡すとよいでしょう。

■ ジロジロ見るのではなく、アイコンタクトを取りましょう。認知症のある人は、長い時間見られると、脅迫的あるいは不安に感じる可能性があります。

■ ゆっくり穏やかに動きましょう。ゆっくりとした安定した動きをすることで、

認知症のある人は介護者の行動を理解しやすくなります。介護者が素早く動くと、認知症のある人は動揺し、混乱します。

■ 認知症のある人がどのような非言語的メッセージを用いているのかを見極めるようにしてください。

　□ 認知症のある人が何度も台所に行くのは、お腹が空いているからかもしれません。

　□ 悲しい表情は、周りの環境や着ている服について、不満があったり不快を感じたりしているからかもしれません。

　□ 笑い声や笑顔は、いま行っている活動を楽しみ、幸せを感じていることを示しているでしょう。

　□ 服をつかんだり、脱いだりするのは、暑いからもしれません。

簡単で視覚的な手がかりを用いましょう

■ トイレに導くために、壁に矢印を貼りましょう。

■ トイレのドアに、トイレの写真を貼りましょう。

■ キャビネットや引き出しに、中にあるものの写真を貼っておきましょう。例えば、寝室のタンスには、簡単に識別できるように、引き出しごとに中にどんなタイプの衣服が入っているのか写真を貼りましょう。

簡単なメモを使いましょう

■ もし認知症のある人が、簡単な文章を理解できるなら、何をすべきかがわかるような覚え書きとしてメモを使いましょう。例えば、このようなメモを洗面台の鏡に貼っておきます。

　□ 歯を磨く
　□ 顔を洗う
　□ 髪をとかす

■ 微笑みましょう。認知症のある人の手を取りましょう。腕を認知症のある人の腰にまわすなど、身体で愛情を表現しましょう。握手をする、抱きしめる、ただ一緒に座ることもコミュニケーションを取るための大切な方法です。

4 活動により参加できるような 手がかりを用いてみましょう

■ もし認知症のある人が、言語的な説明を理解していなければ、手がかりを用います。手がかりとは、言葉や動作によって、作業遂行を促進する合図のことです。言語的な促し、視覚的な促し、動きの中で身体を優しく導くための触覚的・身体的な促しが、認知症のある人にとって活動を行うときの手がかりになります。

■ 認知症のある人がものごとを行うときには、1つかそれ以上のこれらの"手がかり"が必要になります。介護者がどのような手がかりを用いるにしても、認知症のある人が介護者の伝えていることを理解し、情報を処理するのに十分な時間をとるようにしましょう。認知症のある人の脳は、介護者が伝えていることを理解するために余分な時間を必要とします。

■ 人は様々な手がかりに対して異なる反応をすることがあります。活動を始めるときに役立つ手がかりのポイントを以下に示します。

　☐ 言語的な手がかりから始めます。

　☐ これがうまくいかなければ、視覚的な手がかりに進みます。

　☐ 言語的な手がかりや視覚的な手がかりだけでは反応がない場合、失敗を減らすために、触覚的な手がかりが必要となります。

5 どんな活動を行うときも 次の手がかりを用いてみましょう

言語的な手がかり

■ 1つか2つの簡単な言葉を使いましょう。活動を行うために、明確で具体的な言葉を使います。例えば、もし介護者が、認知症のある人がベッドから起き上がってトイレに歩いて行くことを援助する場合、以下のような言語的な手がかりを1つずつ言います。

□「こちらに寝返りましょう」
□「起き上がりましょう」
□「ベッド柵を持ちましょう」
□「立ちましょう」
□ 行動を肯定する声かけ（例えば「その調子です」）

そして、これらの言葉をゆっくり話しましょう。

視覚的な手がかり

■ 認知症のある人を誘導するために、使用する言葉の量を減らします。認知症が進行していくとある時点で、言語は認知症のある人を混乱させ、言葉の処理が困難になります。

■ 言葉ではない合図を用いることで、認知症のある人は活動を行いやすくなります。合図は、指さすこと、触れること、認知症のある人に手がかりになるものを手渡すことを含みます。例えば、認知症のある人が、間違った道具に手を伸ばす前に、スプーンを指さします。また、飲みものを飲むことに意識を向けられるように、コップに触れます。

■ デモンストレーションもまた、認知症のある人にとって視覚的な手がかりとなります。認知症のある人の視界の中に入り、介護者がコップから飲みものを飲むことで、認知症のある人は介護者の行動を観察でき、介護者の行動を真似す

るかもしれません。

■ もし言語や視覚による手がかりがうまくいかなければ、触覚的な手がかりを試してみましょう。優しい身体的な援助があれば、とてもうまく行動できる人もいます。手に手を添えて援助することが神経システムにちょうど良い情報となり、認知症のある人が活動を最後までやり遂げられることもあります。

■ スプーンを持った認知症のある人の手の上に介護者の手を軽く添えて、食べる動作を始めるように動かします。手を添えるという介助は、認知症のある人が動作を思い出し、動作を始めるきっかけとなります。

■ ゆっくりと穏やかに動き、急いではいけません。認知症のある人が、うまくできていると思えるように、自信をもってもらえるようにアプローチします。

■ 認知症のある人が反応できるように、十分な時間をとりましょう。

■ 否定的な言葉やアプローチはしないようにしましょう。（叱ったり議論したり、声をあげたりしません）

■ コミュニケーションを取っている間は、騒音や余計な刺激はなくしましょう。（ラジオやテレビは消します）

■ コミュニケーションを取るときの表情に気をつけ、じっと見るのではなく、アイコンタクトをとりましょう。

■ 愛情を表現しましょう。微笑み、手を握り、抱きしめましょう。

Part 4

安全な住環境づくり

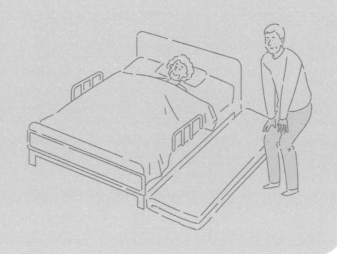

1 安全な住環境

認知症のある人は、ほとんどの時間を自分の家や、家族の家で何もすることなく過ごしています。[1]

活動に参加すること、安全な住環境を保つことは、病気の進行に伴いますます重要になっています。認知症のある人の行動や能力は時間の経過とともに変化します。認知症のある人にとっての安全な環境づくりのために、住環境を定期的に点検することが重要です。認知症のある人の行動を予測することは困難です。まだ何も起きていないからといって、近い将来に起こらないとは限りません。家の安全性をチェックすることで、危険な状況を引き起こすかもしれない潜在的な問題に対応することができます。

安全な家は、認知症のある人、主たる介護者、そして他の家族にとってストレスの少ない家にすることができます。

私たちがここで提供する方法は、私たちの研究、家族との実践、アルツハイマー型認知症啓発・情報センター（ADEAR）の情報からであり、インターネット上で自由にアクセスすることができます。[2]

---

[1] 認知症のある人が全員このように過ごしているわけではなく、仕事をしている人、趣味を満喫している人もたくさんいます。ただ、認知症になることで自己肯定感と役割を失い、閉じこもり状態になる場合もあるので、認知症のある人が活動的な生活を送るためには、介護者の働きかけや環境づくりが重要になります。

[2] ホームページの内容が原本発刊時（2014年）から更新されています。2020年5月現在、参照可能な情報は以下の通りです。
NIA（アメリカ国立加齢研究所）Alzheimer's and related Dementias Education and Referral Center（アルツハイマー型認知症やその他の認知症啓発・情報センター）ホームページ Home Safety and Alzheimer's Disease （安全な住環境づくりとアルツハイマー型認知症）https://www.nia.nih.gov/health/home-safety-and-alzheimers-disease
Home Safety Checklist for Alzheimer's Disease （アルツハイマー型認知症のある人のための住環境チェックリスト）
https://www.nia.nih.gov/health/home-safety-checklist-alzheimers-disease

介護者が家の安全について考えて、家の環境に変更を加えるとき、これらの一般的な点に注意してください。

■　以下で提案されているすべての変更を加える必要はありません。これらは起こり得る広範囲での安全上の懸念ですが、いくつかの修正は必要ではないかもしれません。各家庭はそれぞれ異なり、それぞれ独自の安全上の課題があります。次ページからの「2　一般的な安全に関する考慮事項」に書かれている推奨事項を参考にしてください。

■　家は介護者と家族、そして認知症のある人にとって個人的で重要な環境です。家の状態を変えることを考えるとき、その変化が誰にとっても実用的なのか、介護者や他の家族にどのような影響を与えるかについて考えてください。バランスをとる必要があるかもしれません。例えば、対象物を取り除いたり「片付け」をしたりすることは、認知症のある人にとって役立ち、混乱が少なくなります。しかし、介護者は、他の人に干渉されない、自分で好きなように設定できる、自分だけの空間がほしいと考えるかもしれません。誰もが自分だけの、静かな時間を必要としていますし、このような空間は介護者にとって良いことをもたらすでしょう。

■　環境を変えることで、効果的に認知症のある人の行動に対応することができます。自宅を安全にすることで、ストレス要因を減らすことができます。

■　家を安全な環境にし、危険要因を最小限に抑えることによって、認知症のある人は家の中をより安全にひとりで動きまわれるようになります。

> ### 認知症のある人をひとりで家に残しても大丈夫ですか？

　認知症のある人をひとりで家に残すかどうかは慎重に判断する必要があり、その人のことをよく知る医療や福祉の専門家と話し合うべきです。時間の経過とともに能力が低下するので、定期的に家の安全性と、ひとりでいることができるかを見なおす必要があります。次の質問（アルツハイマー型認知症やその他の認知症啓発・情報センターからの抜粋）は、認知症のある人をひとりで部屋や家に残しても安全かどうかを判断するのに役立ちます。

認知症のある人についての質問

- ストレスで混乱し、動揺し、あるいは予測できない状態になりませんか？
- 火事などの危険な状況を認識できますか？
- 緊急時に電話のかけ方がわかりますか？
- 助けてもらう方法を知っていますか？
- さまよい、混乱しますか？
- ある程度の時間をひとりにした場合、動揺したり、抑うつ的になったり、引きこもるような兆候が見られますか？
- 見守りがないとできない料理や木工作業をして、鋭利なものを使おうとしていませんか？

　また、これらの考慮事項を考えるために医療や福祉の専門家の意見も聞いてみましょう。認知症が進行するにつれて、これらの項目を考えなおし、認知症のある人の安全性を継続的に判断しましょう。行動、機能、認知能力の変化は、家の安全を再評価するきっかけになります。

　家の中で起こり得る危険性を見つけ、住環境を整備するために以下のポイントをおさえましょう。

2　一般的な安全に関する考慮事項

- ■　すべての電話の近くに緊急電話番号（110、119）と自宅の住所を表示しましょう。
- ■　電話に出られないときは留守番電話機能を利用し、呼び出し回数ができるだけ少ない呼び出しで留守番電話になるように設定しましょう。認知症のある人は、メッセージを受け取れなかったり、電話による詐欺の被害者になる可能性があります。気が散ったり、混乱することを避けるために、呼び鈴の音量を下げましょう。簡単になくさないように、携帯電話や機器を安全な場所に置きましょう。
- ■　台所およびすべての就寝場所、または近くに煙探知機と一酸化炭素検知器を設

置しましょう。その機能とバッテリーを頻繁に確認しましょう。

■ ガス器具の近くで可燃性および揮発性の化合物を使用しないでください。点火用バーナーが使われる場所にこれらの機材を保管しないでください。

■ 外につながるすべてのドアと窓に鍵を付け、鍵を厳重に管理してください。

■ 認知症のある人に締め出されたときに備えて、外に家のスペアキーを隠しておいてください。

■ できるだけライトや電化製品をコンセントに近づけ、延長コードを使用しないでください。つまずくことを避けるために、部屋の幅木に延長コードを留めましょう。

■ 使用していないコンセントをプラグカバーで覆いましょう。

■ 床の通気孔、暖房器、およびその他の加熱装置の周りに赤いテープを貼って、使用中に認知症のある人がそこに立ったり触ったりしないようにしましょう。

■ 適切な明るさの照明があるか全室を確認しましょう。

■ 階段の上と下に照光スイッチを配置しましょう。

■ 階段には一番下から一番上まで手すりを少なくとも片方には付けましょう。可能であれば、階段はカーペットを敷くか、安全なグリップを使用しましょう。

■ すべての薬（処方薬と市販薬）を戸棚に入れて、鍵をかけておきましょう。処方薬には、その人の名前、薬の名前、薬の強度、服用頻度および有効期限を明確に記入しておくべきです。子どもが開けるのに困難な蓋付きの瓶があるので、もし必要ならそれを使いましょう。

■ アルコール類はすべて、鍵のかかった戸棚に入れたり、認知症のある人の届かない所に保管しておいてください。認知症のある人がアルコールを摂取すると混乱が強くなる可能性があります。

■ 喫煙が許可されている場合は、喫煙中は認知症のある人を見守りましょう。また、マッチ、ライター、灰皿、タバコなどの喫煙手段を認知症のある人の視界から取り除きましょう。これにより火災の危険性が軽減され、これらのものが見えなくなると、喫煙したいという欲求がなくなる可能性があります。認知症のある人にひとりで喫煙させてはいけません。[*3]

■ 混乱と危険を引き起こさないように片付けましょう。新聞や雑誌を定期的に捨てるかリサイクルしましょう。人が自由に歩いたりできるように家具を減らし、スペースを確保しましょう。

---

*3　軽度であれば、見守りがなくても安全に喫煙できる人もいます。その人のことをよく知る医療や福祉の専門家とよく話し合って判断しましょう。

- 手の届かないところにビニール袋を保管しましょう。認知症のある人がのどを詰まらせたり、窒息死するかもしれません。
- 家からすべての銃火器などの危険物は移動させるか、施錠しましょう。銃には安全ロックを取り付けるか、または弾薬と発射ピンを取り外しましょう。*4
- 庭や仕事場、地下にある電子工具や機械装置は施錠しましょう。
- 毒性のある植物は家から移動させましょう。地元の種苗場か、毒薬管理センターにリストや有毒植物を問い合わせましょう。
- 電気コードを含むすべてのコンピューター機器および付属品が邪魔にならないようにしてください。貴重な文書や資料が自宅のコンピューターに保存されている場合は、ファイルにパスワードをかけたり、バックアップしましょう。
- インターネットのアクセスをパスワードで管理したり、見守りなしでのインターネットの使用を制限しましょう。認知症のある人によるコンピューターの使用を見守り、インターネット上の悪質サイトへのアクセスの制限やウイルス対策のソフトウェアをインストールしましょう。
- 魚の水槽を手の届かない場所に保管しましょう。ガラス、水、電気ポンプ、毒のある水生生物は、認知症のある好奇心旺盛な人に害を与えるかもしれません。

家の外では

- 雨や雪の降る天候での転倒を防ぐために、頑丈できめの粗い滑りにくい路面を歩きましょう。
- 明るい色のテープまたは反射テープで段差の端に印をしましょう。
- 階段の代わりに手すり付きのスロープを設置することを検討してください。
- デコボコな路面や歩道のホースなど、人がつまずく原因となる可能性があるものを取り除きましょう。
- プールは入り口のフェンスを施錠したり、プールを覆ったりして厳密に管理し、プールへのアクセスを制限しましょう。*5
- 中庭では、グリルを使用していないときは燃料源と防火スターターを取り外

---

*4　日本でも狩猟用の猟銃や、射撃競技用の銃のある家があるかもしれません。銃砲店や射撃場に委託保管することも検討してください。

*5　日本ではプールのある家は少ないと思いますが、庭の池や溝などに注意しましょう。

し、認知症のある人が使用するときは、誰かが見守るようにしてください。

■ ドアの鍵を開錠・施錠するときに手がふさがらないように、ドアの入り口のそばに荷物を置いておける小さなベンチやテーブルを設置しましょう。

■ 屋外の照明が適切であることを確認してください。家に近づくと自動的にライトがつく光センサーは役に立つかもしれません。また、家の他の部分でも使用できるかもしれません。

■ 歩道や玄関口から離れた場所の茂みや群葉は刈り込みましょう。

■ 門前か玄関の前に「勧誘お断り」の札を掛けることを考えましょう。

家の中では

【 玄　関 】

■ 敷物やじゅうたんは取り去りましょう。

■ 滑るのを防止するために、硬材を使用したり、床を滑りにくく加工したり、または滑り止め用のワックスを使用しましょう。

【 台　所 】

■ 壊れやすいまたは危険なデザインの収納棚や引き出しには、ドア部分に子どもの危険防止用の留め具を取り付けましょう。

■ 家庭の清掃用品、マッチ、ナイフ、はさみ、刃、小型家電製品、その他貴重なものはすべてしまい込みましょう。

■ 床から敷物やクッションパッドは取り去りましょう。

■ ストーブに安全ノブと自動遮断スイッチを取り付けましょう。

■ 可燃性の液体を台所で使用または保管しないでください。保管している倉庫や外部収納庫に鍵をかけてください。

■ 台所は常夜灯をつけたままにしておきましょう。

■ 家庭用の小ものの入っている棚は手が届かないようにするか、鍵をかけておいてください。認知症のある人はマッチ、機器類、消しゴムやプラスチックのような小さなものを食べてしまうかもしれません。

■ 食べられそうに見える飾りの果もの、野菜や、食べものをかたどったマグネッ

トは取り除きましょう。

■ 台所の流しに排水トラップを設置してください。認知症のある人が何かを流して家の配管を詰まらせる可能性があります。

■ 生ごみ処理機の処分を検討してください。認知症のある人は処理機の中にものを隠したり、手で荒らしたりする可能性があります。

【寝　室】

■ 空腹、のどの渇き、尿意・便意、落ち着きのなさ、痛みなどで、認知症のある人がベッドから出る理由を予測してください。食料や飲みものを置き、ゆとりをもったトイレ誘導の予定を立てることで、これらのニーズに対応するようにしてください。

■ 常夜灯を利用しましょう。

■ （乳児のために使用されるような）モニター装置を使用して、転倒やその他、助けが必要な場合に気づけるようにしてください。浴室にも効果的です。

■ 敷物は取り除きましょう。

■ 持ち運びができる暖房機は取り除きましょう。扇風機を使うならば、羽の中にものを入れることができないようにしてください。

■ 電気マットレス、電気毛布、電気シート、および加熱パッドを使用する場合は、やけどをしたり火災を引き起こす可能性がありますので注意してください。コントロール機に手が届かないようにしてください。

■ 認知症のある人がベッドから落ちる危険性がある場合は、事故の危険性がより大きくならないようにベットの横にマットを敷いてください。

- （身体的介助の必要な）認知症のある人がベッドからポータブルトイレなどに移乗や移動するときには、杖や歩行器などの移動支援の機器を使用しましょう。
- レールや車輪付きの病院用ベッドの使用を検討している場合は、アメリカ食品医薬品局の最新の安全情報をお読みください。[6]
  https://www.fda.gov/medical-devices/general-hospital-devices-and-supplies/hospital-beds

【 トイレ・洗面所・浴室 】

- 重度の認知症のある人をひとりで浴室に残さないでください。
- 認知症のある人がトイレ、浴室の内側から鍵をかけるのを防ぐために、ドアの鍵は取り除いてください。
- 浴室と浴槽に滑り止めの粘着性マットや滑りにくいすのこやシートを設置しましょう。トイレや洗面所にカーペットが敷かれていない場合は、滑り止めマットを敷くことを検討してください。
- タイルなどの床面で滑ることを防ぐために、洗濯可能なマットを床一面に設置しましょう。
- 手すり付きの便座を使用するか、トイレの横に手すりを付けましょう。
- 浴室に手すりを付けましょう。手すりは壁と対照的な色にすると見えやすいです。
- 認知症のある人が転倒したときに大きな負傷にならないよう、浴槽の蛇口にゴム製の蛇口カバー（よく小さい子どもに使うもの）を使用しましょう。
- 入浴を容易にするために、プラスチック製のシャワーチェアや、風呂椅子や手持ち式のシャワーヘッドを使用しましょう。
- やけどを避けるために、シャワーや浴室、洗面台には温水や冷水がまざって出るシングルレバー混合水栓を使用しましょう。
- 蛇口からのお湯でやけどをしないように、給湯器を41度に設定しましょう。
- 紛失したり、排水路に流されたりする可能性のある小さなものを止めるために、排水溝に排水トラップを挿入しましょう。

---

[6] 日本では医療・介護ベッド安全普及協議会のホームページで、医療・介護ベッド安全点検チェック表をダウンロードできますので、確認してください（ベッド柵の間に頭が入り込みそうな空間がないか、など）。
（http://www.bed-anzen.org/use/check.html）

- 施錠された戸棚に薬（処方薬と処方箋なしの市販薬）を保管しましょう。薬の使用期限を確認し、使用期限が切れている場合は捨てましょう。
- 清掃用品は洗面台の下から取り除くか、施錠しましょう。
- 常夜灯を使用しましょう。
- 洗面所から小さな電化製品を取り除くか、コンセントの差し込み口はカバーしましょう。
- 認知症のある人が電気シェーバーを使用する男性なら、水との接触を避けるために浴室の外で鏡を使用してもらいましょう。

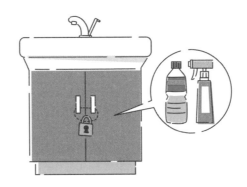

【　居　　間　】

- 人が歩く場所は電気コードを片付けておきましょう。
- 小さい敷物や小さいラグは取り除きましょう。破れたカーペットは修理するか取り替えましょう。
- スライドガラスドア、窓、または大きなガラスパネルを備えた家具の目の高さに何かシールを貼って、ガラスであることがわかるようにしましょう。
- 認知症のある人を、囲いのない暖炉のある部屋にひとりで残すことはしないでください。ひとりになる場合は、代わりの暖房機器を検討してください。
- マッチやライターを手が届かないところに保管してください。
- テレビやDVDプレイヤー、ステレオのリモコンを見えないようにしてください。*7

---

*7　認知症のあるすべての人がリモコンを使えなくなるわけではありません。リモコンの機能が多くて使いこなせずに混乱する場合は、ボタン数の少ないリモコンを試してみるとよいでしょう。

【 洗濯場 】

■　もし可能なら、洗濯場へのドアを施錠してください。

■　戸棚にすべての洗濯用品を入れて施錠してください。

■　ドアを閉めて掛け金をし、洗濯機や乾燥機にふたをして、機械の中にものが入らないようにしましょう。

【 車庫・小屋・地下室 】

■　可能ならすべての車庫や小屋、地下室への入り口を施錠してください。

■　車庫や小屋の中では、工具類や道具、機械類、スポーツ用品など、危険になりそうなものはすべて戸棚や適切な箱・ケースに入れて保管してください。

■　すべての自動車を施錠して、可能であれば見えないようにしましょう。車やあまり使われていない自転車をカバーで覆うようにしてください。認知症のある人が乗って失踪してしまう危険性を減らすことができるかもしれません。

■　塗料、化学肥料、ガソリン、清掃用品など、すべての有毒物質を見えないようにしてください。雨がかからない高い場所に置くか、または戸棚に入れて施錠してください。

■　認知症のある人が車庫や小屋、地下室を使用する場合（なるべくなら見守りのもとで）、周辺が明るく照らされていること、階段に手すりがあり、上り下りを安全に行えることを確認しましょう。歩く場所から雑多なものや散らかっているものを取り除き、ものにひっかからないようにしたり、頭をぶつけないように整理しておきましょう。

Part 5

認知症のある人の
健康支援

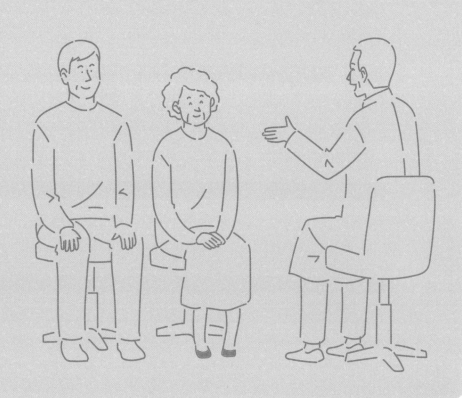

1 健康状態を管理すること

　認知症のある人は健康や身体上に問題があったとしても、自分の気持ちや症状について話したり、健康をサポートしてくれる医師などとうまくコミュニケーションを取るのが難しいことがあります。介護者の役割として代わりに医師などに話し、相談することも必要でしょう。健康管理をすることで、認知症のある人が日常の活動に参加し続けるサポートができます。そのため、認知症のある人の病気や健康に関する情報を管理し、記録することも重要になるでしょう。

　認知症のある人のことを医師と話すときに、おさえておきたい5つの重要な事柄を以下に整理します。

❶ 薬（薬の相互作用や使用により起こる記憶障害や混乱の増加、など）

- すべての薬について、行動や状態を悪化させるような薬の投与量でないか、薬の相互作用の影響はないかについて、医師や薬剤師に確認をしましょう。

❷ 脱水（特に炎天下）

- 脱水をどのように防止したらよいか確認しましょう。
- 脱水を起こすようなことがあるか、行動や状態の悪化を引き起こす可能性について確認しましょう。

❸ 便秘

- 便秘をどのように予防したらよいか確認しましょう。
- 便秘を起こすようなことがあるか、行動や状態の悪化を引き起こす可能性について確認しましょう。

❹ 尿失禁

- 尿失禁の原因となるような薬が処方されていないか確認しましょう。排尿コントロールを助ける可能性のある薬を処方してもらうこともできるかもしれません。

❺ 疼痛（気づかれていない感染や外傷からのものを含む）

- 疼痛や身体的苦痛があり、行動や状態の悪化を引き起こしていないか確認しましょう。

2 薬について

　薬は健康状態の回復を目的に処方されるものですが、過剰投与や何種類かの薬を同時に服用することによる薬の相互作用で、人に害をもたらすこともあります。不適切な薬の服用や組み合わせにより、毎年多くの人に被害を与えています。

　医師や薬剤師と認知症のある人の情報を共有しておくことは不可欠です。以下に医師などと情報共有しておくべきことを列挙します。

- ■ 服用しているすべての薬について、医師などに話しましょう。これには処方箋なしで買っている薬（解熱剤、便秘薬、抗アレルギー薬、など）、ビタミン剤、薬草（麦汁、イチョウの葉のエキス、など）、食事療法の内容が含まれます。薬と用量のリストをいつも最新の状態にしておき、医師などの確認を受けましょう。
- ■ アレルギーや特定の薬の服用による問題の経験があれば伝えましょう。
- ■ 今までの処方薬やビタミン剤、薬草の補助剤を勧めた他の医師や健康関連職種の情報を伝えましょう。
- ■ 糖尿病や高血圧など、持病やその他の既往歴や現病歴について伝えましょう。
- ■ 費用面で不安な場合、同じ効果のある薬でも低価格のものがあるかもしれません。相談しましょう。
- ■ 薬に関する情報を得ておくようにしましょう。
  - ☐ 薬の商品名と一般名は何でしょうか？
  - ☐ その薬のジェネリック医薬品を受けることができますか？
  - ☐ その薬は何を目的に処方されていますか？
  - ☐ 新しく処方されたときに、いま飲んでいる薬で服用をやめるべきものはないですか？
- ■ 前もって質問を書いておきましょう。診察の際にそのリストを持っていきましょう。
- ■ 医療提供者からの情報はメモを取っておきましょう。

【 他のヒント 】

■ 処方箋を1か所にまとめ、1か所の薬局ですべての薬を買いましょう。

■ 薬局でもらえる説明文章は読んで保管しておきましょう。

■ すべての薬、ビタミン剤、食事療法のリストを保管しておきましょう。新しい薬はそこに追加しましょう。

3　脱水について

■ 気温の上昇時は、熱中症や脱水にならないようにいつもより注意して確認をすることが必要でしょう。一般的に高齢者は高温多湿による体調の変化に注意が必要ですが、認知症のある人はさらに注意が必要でしょう。その理由は、認知症のある人の多くは脱水状態が続いても、必要な水分を自分で摂取するのが難しいからです。

■ 軽度の脱水は症状が見られないので、予防が重要になります。以下に列挙しているいくつかの原因は、高齢者のもつ脱水のリスク因子です。

　□ のどの渇きを感知する能力の低下（のどの渇く感じがなければ、水分を摂らない）

　□ 下痢や嘔吐

　□ 利尿剤を使用し水分が失われているのにもかかわらず、水分補給をしないこと

　□ 放置されたドライマウス（多くの薬剤の一般的副作用）

　□ 水分の摂取制限や記憶障害による水分の取り忘れ

　□ 尿漏れや頻尿がある場合、それらを軽減する方法として水分摂取を制限すること

　□ 水分摂取が十分でないと、便秘や筋力低下、混乱や見当識障害、尿路感染、肺炎、高血圧、潰瘍のリスクが増大する可能性があること

■ それぞれの人の水分摂取のニーズを判断することが重要です。1日にコップ6～8杯飲むことを目標にしましょう。水分にはアイスクリームやゼリー、スープも含みます。

脱水のリスクを増加させる要因

■ 口やのどが渇くと感じるのは、脱水を予防するために本来備わっているメカニズムですが、加齢とともに低下しやすく、認知症のある人は特に低下します。多くの薬剤によりこの口渇感を低下させることがあります。また、乾燥した空気、高温多湿、熱や感染、下痢や嘔吐による水分の減少は、より水分補給を必要とします。慢性閉塞性肺疾患（COPD）、肺気腫、慢性気管支炎のような呼吸器疾患のある人は呼吸数の増加によりさらに水分が失われます。また、糖尿病が適切にコントロールされていない場合は、さらに水分が失われやすくなります。

■ 軽度の脱水は症状が見られないことがあります。より重度な状態のときでさえも、問題や症状にはっきりと気づきにくい場合があります。

脱水を疑う兆候

■ ドライマウス（服薬による副作用もあります）
■ 涙の減少、ドライアイ、るい痩（著しく痩せていること）
■ 排尿の減少、暗い表情、きつい尿臭、便秘
■ 腫れた舌、ひび割れた舌
■ 体重減少、筋力低下
■ 皮膚の弾力低下、不健康感
■ 起立性低血圧
■ 一般的な活動能力の低下
■ 転倒、混乱

どのようにして水分摂取を増やすのでしょうか？

■ 水分を摂る方法をいくつか用意し、脱水の原因となるカフェインを含んだ飲みもの（紅茶、コーヒー、炭酸飲料）やアルコールは避けましょう。日中に複数回、何か飲むことを促しましょう。混乱を招くようないくつもの選択肢は一度に用意しないようにしましょう。飽きないように、１日の間に多種類の飲みも

- のを提供しましょう。
- 朝は最初に飲みものを飲んでもらいましょう。認知症のある人は最長で12時間水分を摂取していないので、かなりのどが渇いていると考えておきましょう。薬と一緒に多くの水分を飲んでもらいましょう（約200ml）。
- 水分摂取を楽しむのも大事です。ノンアルコールカクテルやノンアルコールビールもお勧めです。

> ※認知症ケアにおける栄養管理：支援者への支持的アプローチ（アルツハイマー協会西ニューヨーク支部）を参照した。

4 便秘と排便の管理について

- 便秘は、排便が困難、少ないという状態です。個人差はありますが、おおよそ３日続けて排便がないこと、便が硬く痛みを伴うなどの状態が便秘とされています。便秘は病気ではなく、いくつかの原因となる要素によって引き起こされる症状です。健常者は、自分が便秘しているかどうかをすぐに認識できるため、状況を緩和する目的でいくらか余分にフルーツや飲みものを摂取するなどの工夫ができるでしょう。けれど、認知症のある人は便秘の認識ができないこともあり、便秘していないかを確認することが必要かもしれません。

- 認知症のある人はトイレに行って力んだときにただ不快に感じるだけで終わってしまい、問題を認識できないことがあります。いくらかの失禁のような状態がまだ見られる段階では、介護者は下痢に気づくことができるでしょう。しかし、認知症のある人がトイレに繰り返し通っても、何も出ない状態かもしれません。また、便秘は痔の原因となるかもしれません。小さな裂け目が痛みを起こし、さらに排せつを困難にさせます。特に突然、服やシーツを汚すようなこ

とがあれば、とても恥ずかしい思いをするでしょう。認知症のある人は紙でそれを拭いて、棚に隠してしまうかもしれません。これは適切な行動とはいえませんが、その人を責めることはせず、気を利かせて処理する必要があります。

便秘が起こりうる理由

■ 繊維質が少ない食事は歯槽膿漏、歯が抜けやすい、入れ歯が合わないなどの、食習慣にも影響を及ぼす可能性があります。できるだけ全粒粉のパン、フルーツ、野菜を取り入れたバランスの良い食事を提供しましょう。1日を通して、おやつなどを活用し、これらを十分に提供しましょう。また、定期的に歯医者に受診しましょう。

■ コーヒーや紅茶の摂取は、水分不足の原因
フルーツジュースや水を1日約1,200mlは飲みましょう。

■ 不十分な運動
毎日歩きましょう。数分の散歩も有効です。歩きすぎには注意しましょう。歩きたくなるように楽しみながら行いましょう。

■ トイレを認識できない、あるいはトイレを見つけられない
ドアを開けっぱなしにしましょう。そして「トイレ」と大きく表示する、あるいはトイレの絵を表示しましょう。

■ 薬物療法
便秘の原因となるような薬剤を調べ、医師にも確認しましょう。

■ 痛み
腰痛などはトイレに座るのも困難にさせることもあります。トイレの座面の高さを確認し、必要であれば足台を用意し、痛みを防止したり、やわらげたりしましょう。

■ 新しい環境（例えば、休日、入院、友人の訪問）
新しい環境でも、トイレがどこにあるかを認知症のある人がわかるようにしておき、いつもの習慣になるようにしましょう（例えば、毎日同じ時間にトイレに行くようにする）。

■ 恐怖
暗いと特に恐怖を感じます。トイレに行くまでの道や廊下に夜間灯を置きましょう。

■ 病気
特に発熱や長期臥床（がしょう）も関係します。

■ 排せつ習慣の欠如
可能なら、毎日の習慣の確立に向けて、何度かトイレに座る時間をつくりましょう。トイレに行く前に少しだけ温かい飲みものを飲んでおくのも効果的でしょう。

■ 便秘薬の習慣形成
医師の指示のもと、習慣形成を行いましょう。

■ コミュニケーションの困難さ
問題に気づいていても、何が問題かを表現できない状態になることがあります。記憶障害の影響により、実際に排せつをしていないにもかかわらず、排せつしたように言うこともあるでしょう。

■ 解決には時間がかかる場合も
排せつの状態に関して記録をつけましょう。それらは治療の役に立つこともあるでしょう。

※ www.dementiacareaustralia.com/highlights.html を参照

5 失禁の管理について

■ 失禁は膀胱や腸がコントロールを失った状態です。尿管の変化をもたらし、結果として失禁を招きます。認知症や神経疾患を含む様々な要因が失禁を招きます。

■ 失禁は「治す」ことより、習慣を改善することで症状を減らし、お腹をコントロールすることが大切です。健康に関連した他の問題もそうですが、まずは医師などに相談してみましょう。

＞ 食事習慣

■ 一般的な問題として１日当たりの水分の摂取量が減少していることが関与しています。これは尿の減少を招きます。尿の減少は膀胱を刺激し、感染リスクを

高め、さらには尿失禁につながります。以下の飲みものや食事を、極力避けるようにするべきです。アルコールやカフェインを含んだ飲料、ソフトドリンク、トマト、トマト加工品、スパイシーな食品、砂糖、はちみつ、チョコレートなどです。水を飲むことが最適です。

行動習慣

■ 排尿時間
排尿時間をスケジュールに入れましょう。そうすることで、膀胱がずっと空の状態になり、尿失禁を減らすことができるでしょう。トイレは2〜4時間おきに行くのがよいでしょう。

■ 服装
トイレに行ったときに動きやすい服装を心がけましょう。女性はナイロン製の下着やパンストは控えましょう。綿の下着が望ましく、それらは脱ぎ着しやすいでしょう。

■ 喫煙
喫煙は腹腔内圧を上げてしまうことがあります（結果として膀胱への圧も強めます）。そして、膀胱がんのリスクも高まります。

場所

■ トイレは利用しやすい設備であることを確認しておきましょう。より近い場所で排せつできるように、ポータブルトイレ、差し込み便器、尿器は近くに置きましょう。約束があり家を離れる前に、トイレを使用する方法を介護者に伝え

ておきましょう。もし介護者が近くにいないのであれば、トイレを見つけられるようにしましょう。認知症のある人がどうしても待てないようであれば、トイレを探せば、見つけられるようにしておきましょう。

> ### 医療的検討

【服　薬】

■　認知症のある人が薬の影響で尿失禁していないか医師に尋ねましょう。処方箋なしの風邪薬のようなものでも尿失禁を生じる可能性があり、そのための薬の変更が必要でないかを医師に相談しましょう。また尿失禁のコントロールを助ける薬の処方ができる場合もあります。

【手　術】

■　手術以外のすべての治療が行われてから、手術は考えられるべきでしょう。異なる尿失禁のタイプを扱うには、異なる種類の治療方法が必要です。そのため、医師にすべての治療の選択肢について、一度相談して確かめておくべきでしょう。

【機　器】

■　カテーテルや骨盤装具、尿道挿入具のような器具や、おむつ、外部集尿器具、陰部圧迫器具や吸収剤のようなものも、尿失禁のコントロールに有用です。

Part 6

介護者の健康管理

※本 Part で使用される「あなた」は介護者を指しており、
介護者を読者として想定した表現で記載しています。

認知症のある人のケアは身体的にも、感情的にも疲弊します。介護をする多くの家族は自分のしたいことを我慢して、ストレスの高い状態に身を置くことになり、健康に害を及ぼしたり、その他にも不健康な状態に至ることがあります。あなたのしたいことは重要ですが、支援を行う義務もあります。介護者が心身ともに健康であることは、認知症のある人の健康と同じくらい重要であり、自分自身と認知症のある人のためにできる一番大切なことかもしれません。

あなた自身のケアで重要なことは、24時間週7日のケアをすることに対するストレスをマネジメントすることです。ケアは大変な仕事で、認知症に関連する行動はとても困惑するものですし、コントロールするのは大変です。認知症のある人は、あなたの気持ちを理解していないかもしれませんが、あなたが動揺していたり、ストレスを感じていると漠然と感じているかもしれません。これは認知症のある人にとってもしんどいことで、動揺し、不安になりかねないでしょう。介護者がストレスをコントロールできることによって、認知症のある人も助けられます。ストレスをコントロールする方法の1つとして、ストレスを減らす簡単なテクニックがあります。このテクニックにより行動に変化が現れ、ケアをする際、行動症状が起きたときに生じる怒りやいらだちをコントロールできます。あなた自身をケアする他の方法は、認知症のある人が暴力などをふるう場合に、どのように自分を守るかを知ることです（Part 7「14 攻撃的、好戦的行為」116ページを参照）。この章ではストレスに関して説明し、日常的によく使えると思われる簡単なストレス軽減方法を紹介します。

1 ストレスとは何でしょうか？

ストレスは、短期的（急性）にも長期的（慢性）にも生じる可能性があります。短期的あるいは急性ストレスは、すぐに起こる危険や苦痛への反応で、一般的に"対抗・逃避"反応として知られます。この問題とされる状況は危険や苦痛を感じる状

況において発生します。例えば、急に大きな音を聞く状況と、じわじわと持続する騒音の影響で気が滅入っていくような状況と同じくらいの違いがあるかもしれません。身体的なストレスへの反応として、心拍、血圧の上昇や筋緊張が増加し、ストレスホルモンが放出されます。いったん急性ストレスから脱すると、すぐにこれらの脅威への反応は減弱し、ストレスホルモンのレベルは低下するでしょう。これは緩和反応と言われます。

　長期間のあるいは、慢性ストレスは、誰かをケアすることを長時間続けるというようなストレスのかかった状態が続いた反応です。この長期間のストレスの状態では体は緊張し続け、緩和反応が奏功しなくなるでしょう。そのようにして、血圧が上昇し、長期間筋緊張が強くなります。

慢性ストレスの結果として何が起こるのでしょうか？

【 心理面 】
■ ストレスは喜びや達成感を感じにくくし、生活の質（QOL）を損なうこともあるでしょう。うつや不安、怒りやいらだちも生じるでしょう。

【 身体面 】
■ 長期間にわたるストレスは身体的にも影響を及ぼします。ストレスは感染、心臓病、免疫疾患のリスクを高めます。また、消化障害、摂食障害、性機能障害、睡眠障害、頭痛を引き起こすこともあります。

【 認知面 】
■ ストレスは記憶、集中、学習にも影響を及ぼすことがあります。

【 社会面 】
■ ケアによる長期間のストレスは、愛する人や友人との関係にも影響することがあります。介護者は、体験していることや困難に立ち向かっていることを誰にも理解してもらえず、寂しい経験をしているように感じるのが一般的です。

あなたはいつストレスを感じているか知っていますか？

■ 他人にイライラしたり、我慢できなかったりする感情はありますか？

■ 一晩中寝れていますか？

■ 食欲の変化はありますか？

■ 笑ったり楽しい時間を過ごすことができなくなっていませんか？

■ 何か覚えるのが難しかったりしていませんか？

■ 自分の見た目や清潔さに興味を失っていませんか？

■ 他の人を避けたり、嫌がったりしていませんか？

あなたはどのようにストレスをマネジメントしていますか？

■ ストレスマネジメントは継続して行われるものです。ストレスをマネジメントする前に、まず、ストレスを経験している原因が何で、その特有の状況下でどう反応をしているかを理解しなければなりません。また、ストレス対処法を何か考えなければなりません。これらの要因が特定されたら、すぐにストレスをマネジメントし、次に述べるような有効にストレスを減らすテクニックを使うことができるでしょう。

■ ストレスを減らすテクニックは、そこにあるストレスを防ぐことだけでなく、ストレスが起こったときにそこから逃げる方法を見つけることです。これらはストレスとうまくつき合うことが証明された方法で、ストレスからの解放は健康の問題が発展するようなリスクを減らし、あなたの健康に良い効果をもたらします。

どのようにしてストレスを防ぐのでしょうか？

■ 他の人との関係を継続するために、あなた自身に時間を使いましょう。そして1回に15分は介護者の役割から離れ、必要な休憩を取りましょう。

　□ 散歩、体を動かす運動やストレス発散のための健康体操に時間をとりましょう。

　□ 友達や家族と楽しむ時間をつくりましょう。

- ☐ 友達、近所の人や家族に電話をかけ、交流をもちましょう。
- ☐ 笑うのも大切です！　ユーモアを忘れないようにしましょう。CDを聴いたり、テレビを見たり、人と話したりすることで、笑うことを心がけましょう。
- ☐ リラクゼーションのテクニックを学び、練習しましょう。
- ☐ あなたにとって重要な宗教や信条に関わる活動は続けましょう（例えば、教会に行く、お祈りをする、経本を読む）。
- ☐ 誰かに援助を求めましょう。家族、近所の人、あるいは有料のサービスもサポートになるかもしれません。公式のサポートは支援のために数時間滞在してくれたり、デイセンターへ送迎してくれたりするものもあるかもしれません。

- ■ よりリラックスして楽しむために、少しでも楽しい活動を行いましょう。
  - ☐ 好きなテレビ番組を見ましょう。
  - ☐ 自分のために花を買いましょう。
  - ☐ 外食したり映画を観に行ったりしましょう。
  - ☐ 一緒に写真を見たり、教会に讃美歌を歌いに行ったりして、認知症のある人も一緒に楽しめるイベントに参加しましょう。
  - ☐ 問題が起きたら、避けるのではなく、解決しましょう。誰かに助けを求めたり、手伝ってもらったりしましょう。
  - ☐ 優先順位をつけ、効果的に時間を使いましょう。些細なことは気にしないようにしましょう。もう一度記しておきますが、誰かに助けを求めたり、手伝ってもらったりしましょう。

□ ネガティブな考えや態度はやめて、今の状況や自分自身について、より建設的な考え方を学びましょう。

□ 身休的な健康にも気を使いましょう。

□ 医師や歯科医師、その他の健康関連職種と関わるようにしましょう。

□ あなた自身の健康に関して専門家が勧める薬を飲みましょう。

□ 十分な睡眠と休息を取るようにしましょう。医療職や他の介護者に十分に休む方法について相談しましょう。

□ 気持ちを休めるためのタバコや酒、薬はやめましょう。

＞ ストレスが生じた際、どのようにしてストレスから解放されるのでしょうか？

認知症のある家族をケアするとき、落胆することや狼狽するような状況もあるでしょう。ストレスが多い状況になったとき、次のテクニックはストレスを減らすことに役立つでしょう。これらのテクニックは、あなたがよりリラックスして集中できるよう、ストレスの多い状況が生じる前に、1日を通して行えます。

【 深呼吸 】
■ 筋肉をリラックスさせるために深呼吸をしましょう。通常3～4秒の長さで十分です。あまり長く息を吐かないで、不快にならない程度の長さでよいでしょう。息を吐くにつれて、あご、肩、腕の力をゆっくり緩め、筋肉をリラックスさせるようにしましょう。ストレスを減らすには何回か続けて深く息を吐きましょう。あなたが息を吐いている間、「リラックス」「平和だ」「自由だ」というような、あなた自身へ言葉をかけることもよいでしょう。

【 数える 】
■ 大きく息を吸って、ゆっくり息を吐き、1から10まで数えるか、10から1まで数えましょう。

【 音楽を聞く 】
■ 好きなタイプの歌や音楽を意識して聴くと、とてもリラックスできるでしょう。

【 視覚イメージエクササイズ 】

■　頭の中でリラックスしている姿を想像することは、あなたの体を身体的にリラックスさせる効果があります。目を閉じ、リラックスできるものや場所、活動を想像してみましょう。例えば、夕日の静かなビーチを歩いている場面。岸辺を優しく包む波の音、海の潮風の香り、あなたの足の裏の温かい砂のぬくもり、空に映る美しい色の夕日の光を想像してみましょう。恐らくあなたは面白い貝殻を集めるか、波打ち際で歩くカモメを見るでしょう。あなたが最もリラックスできるようにシナリオをつくり、それに合わせてイメージを加えたりして、視覚的イメージの詳細をつくることもできるでしょう。

【 漸進的筋弛緩法（段階的筋弛緩法）】

■　筋肉のリラクゼーションは、ストレスの結果として起こる筋肉の身体的緊張をほぐすのに役立つでしょう。この運動は有用ですが、もし身体や関節に痛みや不調があったり、その他にも問題があれば行わないことを勧めます。腕を曲げて肘に「筋肉をつくる」ことから始めましょう。とても強く筋肉に力を入れて3秒くらい保ちましょう。そしてリラックスします。続けてこぶしを握ります。こぶしをしっかり握って3秒くらい保ちましょう。そしてリラックスします。腕を伸ばして、体の横に垂らしましょう。力を入れたときとリラックスしたときの感覚の違いを感じましょう。この新しい筋肉のリラクゼーションエクササイズは緊張の軽減を目的とした方法です。これらはあなたに役立つかもしれない数少ないストレス軽減のテクニックです。あなたにとって最適な1つかどうかを確認するために異なったテクニックを試すことも重要です。これらのテクニックを練習し続けることも重要です。これらのテクニックを用いれば用いる

ほど、ストレスの解放がより効果的でしょう。また、最もストレスが大きい状態を見つけ、それらの状況で異なったストレス軽減のテクニックがどのように作用するか記録を取っておくようにしましょう。この木のPart 8にある「1 ストレスダイアリー」（128ページ）を使いましょう。

※この情報は米国国立健康局の研究評価および起業家支援プログラムを参照しました。
　・Bell et al.（2006）. Enhancing the Quality of Life of Dementia Caregivers form Different Ethnic or Racial Groups: A Randomized, Controlled trail. Annals of internal Medicine 145（10）: 727-738
　・Gitlin, L. N., et al.（2003）. Effect of multi-component interventions on caregiver burden and depression: The REACH multi-site intiatie at six months follow-up. Psychology and Aging 18（3）: 361-374.

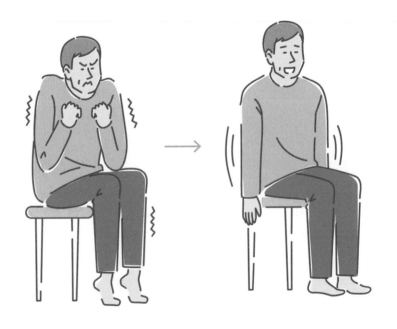

Part 7

行動心理症状の
理解と対応

1 不穏

> 不穏とはどのようなものでしょうか？

不穏はよく検討すべき行動症状であり、過度な運動行動、攻撃性、落ち着きのなさ、苦悩する様子が含まれるかもしれません。不穏は、明白な要求や混乱の表れではないかもしれません。この症状で最もよく観察される行動には、落ち着きがない、行ったり来たりする、文句を言う、同じ言葉を繰り返す、否定的態度をとる、注意を引こうとする、ののしる、言語的あるいは身体的に攻撃する、といったものがあります。不穏は、いくつかの認知症の進行段階で、ほとんどの人に生じます。

- 軽度の不穏は、他の人を少し混乱させる行動がみられますが、攻撃的でなく、危険性はほとんどない行動です。介護者はその行動の頻度や、繰り返しの指示が必要とされることによってストレスを感じます。軽度の不穏の例には、嘆く、泣く、主張する、行ったり来たりする、他の人に不適切に話す、繰り返しの質問をする、同じ動きを繰り返す、不適切に電話を使う、徘徊する、自宅の周囲をウロウロするといったものがあります。
- 重度の不穏は、攻撃的な行動を生じるもので、とても破壊的、あるいは自身や他の人に身体的被害を引き起こす恐れがあるかもしれません。認知症のある人に制限を設けたり、なんども指示することは意味がなく、一般的には効果的ではありません。重度の不穏の例には、大声で叫ぶ、家から出たがる、公共の場で迷子になる、食事が困難になる、ものを投げる、介護者を叩いたりつかんだり引っかく、自身を傷つける、といったものがあります。

> どうして不穏は起こるのでしょうか？

不穏の原因を特定することは重要です。それは、はっきりと意思疎通ができない

ことで、要求が満たされないからかもしれませんし、不穏な行動を引き起こす条件が環境にあるからかもしれません。

よくあるきっかけ

【 可能性のある健康要因 】

■　痛みや身体の病気

■　尿の貯留

■　便秘や宿便（便の滞留）

■　疲労

■　幻覚や妄想

■　脳の器質的変化による行動制御の喪失

■　せん妄

■　薬の副作用

■　うつや不安

【 身を守る行動 】

■　家庭内の一部の人に対する我慢できないことやいらだち

■　トイレ、入浴や更衣のような他の人と接近し、接触が必要な活動

■　慌てさせる、あるいは急ぐ活動

■　その人の信念や妄想に対する異議や訂正

■　個人の空間や場所の侵害

【 失敗感 】

■　他の人による否定や叱責、口論

■　拒絶された感覚

■　能力が過大に評価されている。そのことであまりにも多くのことをするよう依頼されている、期待が大きすぎる

【 恐怖感 】

■　安全でない感覚、怒り、恐れ、欲求不満感

■　知覚された脅威

■　見知らぬ人

■　孤独

■ 空腹、のどの渇き、退屈、膀胱充満のようなニーズが満たされないこと

【 可能性のある環境要因 】

■ 休暇や入院を含む場所の変更

■ 明るさ、暗さ、時間、空間や睡眠サイクルの不適合

■ 過度な刺激（例えば、大きすぎる音、多すぎる人）

■ 日課の変更

■ 複雑でわかりにくい建物構造

■ 社会的孤立

不穏を予防する対応方法

■ 認知症のある人の誤りを責めたり、正さないようにしましょう。

■ 単純化すること、家庭環境を整頓することで、過度な刺激を避けましょう。

■ 認知症のある人がとても感情的になるようであれば、静かで整頓された場所を設けましょう。

■ 抽象的な質問やコメント、あるいは抽象的な思考を必要としたり、認知症のある人が答えられないような質問やコメントをなくしましょう。

■ 不穏の警告サインに気づきましょう。

■ ラジオやテレビのスイッチを切り、刺激を減らしましょう。

■ 定期的な休息を計画しましょう。

■ 照明のギラつきを排除しましょう。

■ カフェインを避けましょう。

■ 急がせず、首尾一貫した関わり方を保証しましょう。

■ 認知症のある人の興味や能力に合致した活動を取り入れ、構造化された日課を設定しましょう。

認知症のある人が動揺したときにすること

■ 穏やかな調子で短い言葉を使って、段階的に起こっていることを説明しましょう。

■ たとえ認知症のある人があなたの言葉を理解できなくても、あなたの穏やかな

声の調子は認知症のある人を安心させるかもしれません。

■ 認知症のある人の主治医や精神科医に相談しましょう。

■ 動揺は、不穏を引き起こしている、または悪化させている身体的・精神的な問題があるかを判断するのに有益です。

■ 話すときには、穏やかで肯定的な態度をとりましょう。

■ 話すときに、あなたや他の人の感情は認知症のある人の反応に影響するかもしれません。認知症のある人は、あなたの態度で怒りや欲求不満のような否定的な感情になり、これが否定的な反応のきっかけになります。低い声でゆっくりと話しましょう。

■ 構造化された活動と結びつけましょう。そうすることで落ち着きのない状態が軽減するかもしれません。洗濯物をたたんだり、スープをかきまぜるような単純な繰り返しの課題が役に立つかもしれません。

■ 楽しいイベントにたずさわるようにしましょう。

■ お茶を飲む、古い写真を一緒に見るといった単純な活動は、認知症のある人を落ち着かせるかもしれません。

■ 脅かされないように環境を保護しましょう。

■ 認知症のある人が立ち入るかもしれない場所、特に台所（コンロ、ナイフ）、浴室（洗剤、薬品）にあるもので、誤ってけがをしないように確認しましょう。また、屋外に出て行ったり、外を徘徊したりしないよう確認しましょう。

■ 認知症のある人の信じていることに寄り添いましょう。

■ 穏やかな音楽を聴きましょう。

■ 身体活動や体操を行いましょう。

■ 期待や要求する内容を簡単なものにしましょう。認知症のある人が活動（洗濯の代わりにタオルをたたむなど）を通して、やりがいがあると感じられるようにしましょう。認知症のある人が失敗に向き合うような状況にならないよう心がけましょう。

- 穏やかな調子の声で、すべて問題ないと伝えて安心させましょう。
- 認知症のある人が自分や他の人に害を与えないなら、行ったり来たりするのを見守りましょう。
- 支持的で励ますように関わりましょう。
- もし不穏になり始めたら、気をそらしたり他の活動に変えましょう。例えば、認知症のある人に洗濯物をたたんでもらったり、好きなテレビ番組を見るよう誘ってみるとよいでしょう。

2 繰り返しの質問

繰り返しの質問とはどのようなものでしょうか？

繰り返しの質問は、1日を通して同じ質問を継続して繰り返すことを指します。繰り返し尋ねられる一般的な質問には、「今日は何日？」「今は何時？」や「明日デイサービスがある？」が含まれます。これらの質問は家族にとっては大変面倒なものになり得ます。これらのタイプの質問は、介護者をとてもいらつかせ、動揺させてしまいます。

どうして繰り返しの質問は起こるのでしょうか？

繰り返しの質問が起こる理由は様々ですが、しばしば何かが認知症のある人を悩ませているものの、その答えが何だったのかを覚えられないことが理由となっています。介護者から得た答えはすぐに忘れてしまいますが、質問することは忘れられないのです。

- すでに同じ質問をしたことを覚えていない
- 時間の判断ができない（あるいはいつ介護者が出かけたかを覚えていない）
- 何が起きているのか、あるいは近い将来何が起ころうとしているのか不安である
- 思い通りにいかない感覚
- 介護者から離れることへの恐れ
- 注意を引こうとする
- 薬の副作用
- 音楽や音の誤認
- 要望を表出できない（空腹、トイレに行く要望）

対応方法

- 介護者は自分が認知症のある人に言うことや、認知症のある人が繰り返すことに注意を向けましょう。
- 例えば、認知症のある人にその日の予定や医師の診察を受けに行くことを伝えましょう。もし、認知症のある人が「いつ出かけるの？」と何度も質問してくるようであれば、あまり早くそのイベントの情報を提供しないほうがよいでしょう。
- 認知症のある人が言っていることの背景にある感情に反応しましょう。認知症のある人が「今日は何をするの？」と何度も繰り返し質問するとき、喪失感や、不確かで恐ろしいという感情を抱いているかもしれません。この感情に反応することは、認知症のある人を安心させるでしょう。
- 認知症のある人を抱きしめたり、腕をトントン叩いたりしてみましょう。
- 安心を与える声の調子で伝えましょう。
- 「私とここにいるからいつも安心よ」などと安心する言葉で伝えましょう。
- 十分に認知症のある人に注意を向けましょう。
- 認知症のある人が家の中で最も多くの時間を過ごす場所に、メモリーボードを設置しましょう。ホワイトボードのようなメモリーボードは、認知症のある人が基本的な情報を思い出したり、手に入れたりするのに役立ちます。メモリーボードは、時間、場所、人、電話番号、活動を含む繰り返しの質問に対応する便利な道具です。それらは認知症のある人が最も容易に見つけられる場所に吊

るしたり置いたりします。もし、認知症のある人がボードを見ることで解決するような質問があれば、そこを見るのを思い出してもらうとよいでしょう。

■ インデックスカードを作りましょう。認知症のある人から繰り返し質問のあるとき、その質問や答えをインデックスカードに書き込み、常にそれを携帯してもらう、あるいはその人の近くに置いておくとよいでしょう。このカードはシャツ、上着、パンツのポケットや、財布、ハンドバッグの中に入れておけます。例えば、「夕食の時間は何時？」という質問の答えをカードに書いておき、答えるときにそのカードを認知症のある人に確認してもらいましょう。

■ 認知症のある人にカレンダーの確認をしてもらいましょう。日付や曜日がわからなくなることは記憶障害のある人に共通する問題です。記憶障害の症状は改善しませんが、カレンダーの確認などを通して、その対応方法を学習することができます。

  □ 認知症のある人に適したカレンダーの例として、日めくりカレンダーがあります。

  □ 認知症のある人が見やすい、十分な大きさの文字や数字が使われているか確認しましょう。

  □ 認知症のある人が座ったり、横になる場所の近くにカレンダーを置きましょう。

  □ 毎日カレンダーを確認しましょう。そうすることで、認知症のある人はカレンダーを見る習慣が身につきます。

■ 認知症の人に繰り返しの質問が起こらないよう、歩いたり、食べたり、好みの活動をするよう促しましょう。

■ 最も質問を繰り返す時間に、できるだけ一貫した日課を継続するようにしましょう。

■ 繰り返しの質問に応答するときは、穏やかな声で伝えましょう。

■ 繰り返しの質問の原因を排除しましょう。

■ もし、鏡、車、上着、テレビのリモコンや絵が質問のきっかけになっているようであれば、その物品を視界から取り除きましょう。

■ 認知症のある人の介護を助けてくれる、追加のサービスを探しましょう。

■ もしこれらの対応方法を試みても、繰り返しの質問によってストレスが続く場合は、追加の援助を必要とするときなのでしょう。追加の援助には家族、友人、デイサービス、在宅介護サービスなどが考えられます。

③ 不適切な金切り声、大声や不快な音

> **不適切な音とはどのようなものでしょうか？**

　これらは他の人の平穏をかき乱すような音を出す行動です。これらの行為の意味や意義は不明確かもしれません。その音は目的がある場合もあれば、ない場合もあり、様々な大きさのレベルで、断続あるいは継続するかもしれません。これらの不適切な音には、叫び声をあげる、無意味な言語音を出す、支離滅裂に話す、繰り返し何度も同じ単語を言う、うめき声をあげる、ののしる、口笛を吹くなどが含まれます。

> **なぜ不適切な音が生じるのでしょうか？**

　認知症によって生じる脳の損傷がこのタイプの行動を引き起こしており、通常、認知症の進んだ段階でみられます。

よくあるきっかけ

- ■ 空腹、のどの渇き、疲れ、トイレに行くことなどの要求を表現できないこと
- ■ 痛みや不快感
- ■ 部屋の中の音や刺激が多すぎる
- ■ 部屋にいる他の人の行動への不満
- ■ 部屋の刺激が十分にないことが原因で起こる欲求不満
- ■ 意味や目的の不足、退屈な感覚
- ■ 何が起こるか不安であること
- ■ 思い通りにいかない感覚
- ■ １対１での注意を引くための要求
- ■ 抑制の低下
- ■ うつ、寂しさ、不安
- ■ 孤独感

- 認知症のある人への選択肢の数を制限しましょう。
- 家族や友人に認知症のある人とより多くの時間を過ごすよう励ましましょう。
  - 認知症のある人は寂しくて、誰かとつながりをもとうとしているのかもしれません。もし、認知症のある人があなたの注意を引こうとするなら、周囲の人が認知症のある人と1対1の時間を過ごせるよう工夫しましょう。
  - これにはあなたの家族がマニキュアを塗ってあげる、本を読んであげる、髪をとかしてあげる、ちょっと話をしてあげることが含まれます。
- 認知症のある人を落ち着かせるのに役立つ活動や環境を見つけましょう。
  - 落ち着いた音楽を流しましょう。
  - 認知症のある人が好む部屋や窓のそばに座ってもらいましょう。
  - 認知症のある人に落ち着いた、穏やかな声で話しましょう。
  - 一貫した予測可能な習慣を用いましょう。
  - 認知症のある人が楽しめる単純な活動を開発するために、過去の趣味や興味を活用しましょう。
- 認知症のある人が叫んだり、悲鳴をあげたりしていないとき、それはどういうときなのかを知るために、その人に特別な注意を向けましょう。
- 認知症のある人がメガネをかけているか、補聴器をつけているかを確認しましょう。
- 医師に行動について話しましょう。
  - 大声で叫ぶのは、根底にあるうつと関係しているかもしれませんし、抗うつ薬で改善するかもしれません。
  - 医師に尿路感染、副鼻腔炎、腹痛や服薬の悪影響の確認をしてもらいましょう。

4 継続する訴えや不平

絶えず続く主張や不平とはどのようなものでしょうか？

これには、特定の対象者に対して絶えずずっと、もしくはその日に一度生じる主

張や不平が含まれます。例えば、主張は更衣や入浴のときに毎日行われるかもしれません。デイサービスに行くことについて、継続的な不平がみられる可能性もあります。

なぜ、絶えず続く主張や不平が起こるのでしょうか？

主張や不平の原因やきっかけを見つけましょう。例えば、認知症のある人はデイサービスに参加することや、夜に布団に入ることについての主張や不平がみられるかもしれません。認知症のある人に、より同意が得られる状況をつくり出す方法を考え出すために、この本の Part 1 にある「1 行動症状」(10ページ) を参照しましょう。

よくあるきっかけ

- 何が起きるかわからないことへの不安
- 思い通りにいかない感覚
- 介護者から離れることへの恐怖
- 注意を向けるための要求
- 脳の変化による抑制の欠如
- 脳の変化による性格の変化

対応方法

- 認知症のある人が穏やかさを維持するのに役立つ活動や環境を見つけましょう。
- 落ち着いた音楽を流しましょう。
- 認知症のある人が好む部屋や窓のそばに座ってもらいましょう。
- 認知症のある人に落ち着いた、穏やかな声で話しましょう。
- 一貫した予測可能な習慣を用いましょう。
- 認知症のある人が楽しめる単純な活動を開発するために、過去の趣味や興味を活用しましょう。
- 認知症のある人が言う言葉の背景にある感情を認め、確認しましょう。
- もし認知症のある人が主張したり、不平を言い始めたら、気をそらしたり、他

の活動を勧めたりしましょう。

    ☐ 例えば、認知症のある人にキッチンに来てレタスを洗うのを手伝ってもらったり、好みの昔の映画を観たりするよう誘いましょう。

■ 医師のような権威ある人物の言葉を使って、あなたの地位や主張を支持しましょう。認知症のある人が他の誰かの言葉には耳を傾けたり、信じたりすることがあるかもしれません。例えば、認知症のある人が、自動車の運転の中止や、デイサービスの参加は医師の指示だとわかれば、訴えが減るかもしれません。

■ 認知症のある人の継続する不平や主張に反応するのは避けましょう。もし認知症のある人が頻繁に過去のことについての主張や不平がある場合は、それに反応しないようにするか、立ち去りましょう。これは状況が悪くなるのを避ける助けとなるでしょう。

■ 主張や不平を聞くのを避けるために音楽を用いましょう。介護者の中には、携帯型音楽プレーヤーを使って認知症の人を家族のいる部屋や場所に留まらせたり、リラックスさせることができる人がいます。

■ 医師に認知症のある人の行動について、また、その主張や不平がうつに関連するものかもしれないこと、抗うつ薬のような治療で改善するかもしれないことについて相談しましょう。

5 徘徊

徘徊とはどのようなものでしょうか？

徘徊には多くの定義があります。一般的には、目的もなく歩くこと、あるいは人を探したり、非現実的な、また達成不可能な何かを探して歩くことの1つの形態として捉えられます。徘徊には、日中もしくは夜間に過度に動くことも含まれます。徘徊はドアや窓から家を出ていこうとするときに最も危険になります。

「夕暮れ症候群」は徘徊の1つの形態であり、午後の遅い時間、あるいは夕方早くに行ったり来たりすることを指します。それはある人のそばをついてまわったり、他の人の行動を真似することもあります。

この節では、家の中での徘徊に関連する対応方法を説明します。それには、日課、住環境、夜の徘徊、ついてまわること、屋外の徘徊を変化させることに関連してい

ます。

> ## なぜ徘徊が起こるのでしょうか？

　徘徊を最小限にする最も良い方法は、その行動が起きている理由により異なります。徘徊がその人を危険にさらすかどうか、そして徘徊が継続しても大丈夫かどうかを明確にすることが大切です。

　夕暮れ症候群の原因ははっきりわかっていませんが、考えられるのは生化学的原因、感覚負荷や感覚剥奪、ストレス、孤独や恐れといったものでしょう。脱水や照明の暗さは夕暮れ症候群の原因になり得ます。

よくあるきっかけ

- 安全を求めてなじみのある人やものを探している
- 病前に仕事で歩いていたのかもしれない
- 次の日時に歩き始める可能性がある。出勤する、ランチに行く、自宅に帰る、友人宅を訪問する
- 家族の誰かを探している（亡くなっている配偶者や子ども）
- 歩くことはストレス解消や、好みの運動の一環
- 欲求不満、特定の状況から逃れようとする
- 退屈
- 不安
- 自分がどこにいるのかわからない
- 空腹や排せつのような身体的な欲求かもしれない
- 睡眠パターンが崩れたことによって、深夜に落ち着かなかったり、見当識障害の原因になっている可能性もある
- 薬の影響
- 何時かわからずに混乱している

対応方法

【 家の環境を整えましょう 】
- 自宅で安全に徘徊する機会を提供しましょう。

- 食器棚、家電製品、そして掃除用品や他の化学薬品が保管されている場所に、子ども用保護ラッチ（ドアが簡単に開かないようにするストッパー）を使いましょう。
- 主な部屋、階段や玄関の手すり、壊れた段差、緩んだカーペットを安全な状態にしましょう。
- 他の部屋から見守るためのモニター（赤ちゃんを見守るために使用される機器）を使いましょう。
- ドア、戸棚やタンスが開いたことを知らせるベルやアラームを設置しましょう。
- 火事になるのを防ぐために、ストーブには自動消火装置を設置しましょう。
- 電気やガスが自動で止まるスイッチを設置しましょう。
- 認知症があるという自覚が失われているので、家庭内の、特に廊下や階段を安全に徘徊できるよう、次のような対応方法を考えましょう。
  - 各段の端に目立つ色の細い線を引いたり、あるいはカラーテープを貼りましょう。
  - 階段が昇っているのを際立たせるために、階段とは対照的な目立つ色を階段の壁に塗りましょう。
  - スポット的に明るかったり、影ができないよう、均一な明るさに照明を調整しましょう。
  - 主な部屋や屋外に出る通路のギラツキを抑えるために、窓にカーテンを設置しましょう。
  - 夜、寝室に影ができないよう2つか3つの薄暗い照明を使いましょう。影は何かに見間違われやすく、認知症のある人を脅かします。けれど、寝室の照明を強くしすぎないように、そして家族を起こさないよう気をつけましょう。
- 休むときにも使える安定したロッキングチェアを、認知症のある人に勧めましょう。
- 触覚的な刺激を与えましょう。
  - 触り心地のよい石、立体的な壁飾り、ゲームボードのような興味をもって触りたくなるようなものを勧めましょう。
  - 認知症のある人が触るためのものの全体像が見れて、自由に触り続けられるようにしましょう。
- 視覚的な刺激を与えましょう。
  - 興味のありそうな写真集を勧めましょう。

- □ 興味のありそうな雑誌を用意しましょう。
- □ 不要な物品は片付けるか隠しましょう。
- ■ 気が散りそうなものが見えないように、スクリーンやカーテンを使用しましょう。シンプルな家庭環境は気が散るのを軽減し、認知症のある人がなくしたものを探すような行動を誘発しなくてすみます。
- ■ 認知症のある人が定期的に休憩をとれるよう、刺激の少ない環境をつくりましょう。自然のサウンドのような気持ちが休まる音楽を流しましょう。
- ■ もし、認知症のある人がなくしたものや置き忘れたものを探すような場合は、必要に応じて同じもの（鍵や財布など）を購入したり、作ったりしましょう。
- ■ 鍵は、代償的に古い鍵を実際の鍵とすり替えたり、見えないところに置きましょう。

【 日課の変更 】

- ■ 徘徊に代わる安全な表現手段を提供しましょう。
- ■ 美術館に行く、ショッピングモールを歩く、近所や公園を散歩するなど、歩くことを含む気晴らし的な日課を検討しましょう。
- ■ 注意をそらしましょう。仕事的な、あるいはレジャー的な表現の機会を提供しましょう。これはとりわけ夕方のような、徘徊が特に起こる時間帯に有用です。夕暮れ時に実施する仕事的な日課を考えてみましょう（机の上に置いてあるすべての紙を片付けるなど）。
- ■ 日中に行う運動の機会を増やしましょう。
  - □ 基本的な運動器具を使うことを検討しましょう。
  - □ 毎日、認知症のある人を散歩に連れていくために、友人や近所の人に有償、または無償で付き添いを依頼しましょう。

■ 活動を監督し、構造化してくれるデイケアに登録することを検討しましょう。

■ 客観的になりましょう。

　□ 認知症のある人をひとりで徘徊させないようにしましょう。それは予測できないような世界をさまよっているからです。

　□ 認知症のある人の主治医と徘徊に影響を与えているかもしれない不安やうつについて話しましょう。

【 夜の徘徊への対応方法 】

■ 日中の居眠りを制限しましょう。

　□ 人は日中に休みすぎると、夜に寝るのが難しくなります。認知症のある人を起こしておくためにできる活動や課題を用いましょう。

　□ 毎日、適度な身体活動や体操を提供しましょう。

　□ 理想的には、毎日、太陽光もしくは人工の光（高照度照明）を早朝にたくさん浴びるようにしましょう。これは認知症のある人の体内時計をセットするのに役立つでしょう。

　□ 就寝前の数時間は、カフェインを含んだ飲みものを口にするのは避けましょう。紅茶やコーヒー、ソフトドリングの多くは多量のカフェインが含まれていることを覚えておきましょう。砂糖やチョコレートもまた睡眠を妨げます。

　□ 就寝直前は、牛肉や豚肉のような肉類を含んだ重たい食事や濃いソース、たくさんのデザートを口にするのは避けましょう。

■ 認知症のある人が寝る準備をすることを日課にしましょう。

　□ 気持ちを落ち着かせ、楽しめる、ただし興奮させない活動を選択しましょう。不安を和らげリラックスを促すための背中のマッサージ、温浴、心地よい音楽を試してみましょう。

　□ 定時の睡眠を設定しましょう。

　□ 毎夜、同じ時間にベッドに入る準備を認知症のある人にしてもらいましょう。そうすれば、本人は日課の一部として考えるようになるでしょう。

　□ 認知症のある人がベッドに入る直前にトイレに行くのを確認しましょう。もし深夜に頻繁に排せつをする場合は、他の対応方法を試みましょう。

　□ 認知症のある人がトイレに行く必要があり、夜中に目を覚ますかもしれません。夜にポータブルトイレや尿器をベッドのそばに置いておくと、毎回トイレに行かなくてすむでしょう。

　□ 排尿をコントロールできない人は、濡れることが原因でときどき夜に目を

覚まします。ポータブルトイレや尿器の利用は、紙おむつのような失禁用の下着が濡れることによる不快感を軽減してくれるかもしれません。

■ 夜に認知症のある人が目を覚ます場合、「何も問題ないわよ。まだ夜だから、ベッドに戻りましょう」と声をかけ安心してもらいましょう。

■ 説明を最小限にして、「夜だから、ベッドに戻りましょう」と体の向きを変えましょう。

■ 寝室を快適な温度に保ちましょう。

■ 寝室を静かに保ちましょう。

■ 寝室は寝るために使用し、他の活動には使用しないようにしましょう。

■ 認知症のある人の主治医と夜の状態について話しましょう。

■ 夜に認知症のある人の目を覚まさせている可能性がある、薬の服用時間や適用量を変更すること、あるいは他に、夜に寝るのに有用な薬を追加することができるかもしれません。また、背中や関節に痛みを抱えるなど、痛みが原因で目を覚ます人がいます。

【 つきまといに対する対応方法 】

■ あなたがどこにも行かないことを認知症のある人に伝えて、安心してもらいましょう。

■ 認知症のある人は混乱や不安が原因でつきまとうことが多いことを覚えておきましょう。安心してもらうことがこれらの感情を和らげるのに役立ちます。

■ 隣の部屋にいる間、歌や鼻歌を歌うと、認知症のある人はあなたがそばにいることを感じられます。

■ 認知症のある人に何か活動を提供しましょう。そうすることであなたにつきまとうことよりも、他のことに注意を向けやすくなります。

■ もし認知症のある人がテレビを見るといったひとりで活動することに気が進まない場合は、あなたのしている活動の一部をしてもらいましょう。例えば、テーブルをセットしたり、洗濯物をたたんだりしてもらえます。

■ あなたが出かけることや、その計画を話すのはやめましょう。それは、認知症のある人が不安になるのを防ぐためです。

【 屋外での徘徊に対する対応方法 】

■ 屋外に出るドアに鍵を設置する、あるいは鍵を変更しましょう。

■ ロックが掛かった状態の鍵、あるいはドアの高いところや低いところ（認知症のある人の届かない位置）に鍵を取り付けることを検討しましょう。

- 外に通じるドアに「使用禁止」、あるいは「従業員専用」の文字を大きく貼りましょう。
- ドアが開いたことを知らせるベルやアラームをドアに設置しましょう。
- 踏んだときに音楽が鳴るドアマットを設置しましょう。そうすることで認知症のある人は気が変わるかもしれません。
- ドアを隠すために、布やカーテン、壁紙を使用しましょう。
- ドアノブ、鍵や窓を覆うために、布や他の道具を使用しましょう。
- 「家にいてください」と書いたメモをドアに貼りましょう。
- 玄関エントランスを暗くしておきましょう。
- 屋外にセンサーライトを設置しましょう。
- 裏庭にフェンスを設置しましょう。これは認知症のある人が安全に屋外へ出られるようにするためです。
- フェンスの門扉には鍵を設置しましょう。
- 徘徊の他のタイプに対して準備をしましょう。認知症のある人が、自分の車や他の人の車で、長い距離をドライブしていた、という事例もあります。これらの問題には、鍵を見えないところに置く、あるいはエンジン部分にあるディストリビューターの蓋を一時的に外すことで防ぐことができるでしょう。

【 屋外での徘徊が生じた場合の安全対策 】

- 徘徊が起きたときに行方不明になった人が安全に戻れるよう援助してくれる全国的な捜索システムである、アルツハイマー協会の安全捜索システムに登録しましょう[1]。アルツハイマー協会に連絡することで登録できます。
- 認知症のある人に救急時の情報提供ブレスレットを着けるか、あるいはポケットに名前や住所が記載されたカードを携帯してもらいましょう。このブレスレットはアルツハイマー協会を通じて手に入れることができます。[1]
- 認知症のある人の最近の写真やビデオを撮影しておきましょう。これはもし行方不明になったときに、警察の捜査に役立ちます。
- 近所の人、地域の人たちや企業の人たちに情報提供しましょう。あなたの地域の人たちは、認知症のある人の見守り役になってくれますし、徘徊しているのが疑われるときにあなたに連絡をくれ、安全に戻るのを助けてくれます。

---

[1] 日本の認知症の人と家族の会では、認知症のある人の登録や捜索システム、ブレスレットの提供を行っていません。市町村によって、認知症のある人の見守りネットワークや捜索システムが整備されているところがあります。

- 近所の人の名前や電話番号のリストを作り、すぐに連絡が取れるようにしておきましょう。
- 近所の人に認知症のある人を自宅に連れて帰ってきてもらう場合に、どのように接したらよいか教えましょう。
  - □ 正面から話しかけましょう。
  - □ 自分自身のことを紹介しましょう。
  - □ 援助することを伝え、日にちや時間を教えましょう。
  - □ 認知症のある人を引っ張ったり、押したりするのは避けましょう。
- 地元の警察や消防署や病院に加え、安全捜索ヘルプラインにすぐに連絡が取れるように、緊急時の電話番号や住所のリストを作っておきましょう（例えば、冷蔵庫に貼っておく）。
- 緊急時に個人的に必要な薬の情報が把握できるように、薬のリストを更新し続けましょう。

6 落ち着きがなく動き続ける行動

> **落ち着きがなく動き続ける行動とは**
> **どのようなものでしょうか？**

　落ち着きのなさは不穏状態と強く関連しており、アルツハイマー病のような認知系の疾患によくみられる症状です。不穏状態になった認知症のある人は、落ち着き

がなくなり、行ったり来たりして動きまわり、ソワソワしたりします。落ち着きの
なさの1つとして「夕暮れ症候群」があります。夕暮れ症候群の症状は、夕方に現
れます。この症状が出たことのある人は、午後や夜により不穏や混乱状態になるこ
とがあります。介護者にとって、この夕暮れ症候群は対応にとても困り、疲れる症
状でしょう。

なぜ、落ち着きのない状態が起こるのでしょうか？

　認知症のある人の落ち着きのない行動が1日のうちのいつ、どんなときに起こる
のか、そのきっかけを確認してみましょう。認知症のある人となじみのない人との
交流や環境がきっかけとなっているかもしれません。

よくあるきっかけ

- 痛みや不快を引き起こす基礎疾患
- 不安
- ものを紛失した、どこにあるのかわからない
- なじみのない環境
- 誰かや、「実家」のような場所を探している
- 何かが心配になったり、失った気分になっている
- 退屈

対応方法

- もし、認知症のある人が落ち着きのない状態であれば、毎日行っている作業を
  午前中に、午後からは簡単で落ち着いた作業を行うようにしましょう。
- カフェインの摂取を避けましょう。
- 家の環境をシンプルで片付いた状態にし、過剰な刺激を避けましょう。もし、
  認知症のある人がとても落ち着きのない状態になっているときは、静かで散ら
  かっていない場所を提案しましょう。
- 認知症のある人に、何か他の作業を行ってもらいましょう。集中できるものを
  提供することで、落ち着きがない症状を軽減することができるかもしれませ
  ん。洗濯物をたたんだり、スープをまぜるなどの簡単で反復する作業がよいか

もしれません。一緒に紅茶を飲んだり、昔の写真を見るような簡単な活動もよいでしょう。

■ 心地よい、静かな音楽をかけましょう。

■ 行ったり来たりする行動を、身体のエクササイズとしてポジティブ（良い方向）に考えてみましょう。

■ 認知症のある人が最も落ち着かないときに、一緒に過ごすようにしてみましょう。

■ 簡単な言葉で、1つひとつ何が起こっているのかを説明してみましょう。もし、認知症のある人が、介護者の言っていることがわからなくても、介護者の話す静かなトーンで落ち着きを取り戻すかもしれません。

■ かかりつけ医に相談してみましょう。医療的な検査で身体的な問題や精神的な症状、不安、うつ、薬の副作用などの状態を明らかにできるでしょう。

■ 安全な環境を設定しましょう。
  □ 認知症のある人がけがをしないように気をつけましょう。特に、台所（コンロ、包丁）、お風呂（洗剤、薬）などです。

■ 認知症のある人が家から出て歩き回らないように気をつけましょう。

7 探したり、ためこむ行動

> ## 探索行動や、ためこむ行動とはどのようなものでしょうか？

　探索行動とは、クローゼットやキッチンの棚、ドレッサーの中にある自分や他の人の所有物を探索することをいいます。探しものは存在しないかもしれませんし、何か過去のものかもしれません。または、本当に探しているのかもしれません。認知症のある人は、探すためにドレッサーや化粧ダンスを完全に分解するということもあります。捜索・探索に関連した行動には、ためこむことや物品を持っていって隠すことがあります。腐りやすい食品をためこむと、健康に被害をもたらすことになります。

このような行動が起こる原因を考えてみましょう。探索行動は、不穏のはけ口かもしれません。ためこむ行動は、誰かが自分の所有物を取ってしまうと信じこんでいるときに起こることもあります。

"探索行動"のよくあるきっかけ

- 触覚・感覚刺激を探している
- 退屈
- 興味のあるものを見つけようとしている
- 何かに貢献したいと感じている

"ためこむ行動"のよくあるきっかけ

- コントロールする感覚を得ようとする
- 世界大恐慌というような時代を生きた人のように、これまでの人生におけるものを節約するという生活習慣
- これまでに何かを喪失したという経験にしがみつこうとしている

対応方法

【 家の環境を変えましょう 】

散らかっても気にならないスペースや部屋で、認知症のある人が興味をもって安全に探索できる場所の提供を考えてみましょう。

- 洋服ダンスや化粧ダンス、プラスチックの容器や箱に、種々の物品を入れておきましょう。
- 他の家族も使えるオフィスにあるような素材の机を置きましょう。
- 認知症のある人が整理しなおせるような写真ギャラリーを作ってみましょう。
- 認知症のある人がためこんでも安全な、ナプキンや古い鍵のような物品を置いておきましょう。
- 雑誌や本を手に取ったり、見れるように置いておきましょう。
- アクセサリーやビーズのような小さなものを、仕分けしたり、入れたり、取り

出したりできるように容器に入れておきましょう。

■ 探索行動のために、色のついた粘着テープや塗料で、棚やスペースを目立つようにしておきましょう。

■ 探索できるよう、タンスの最上段にものをつめておきましょう。

■ 仕分けできるように、洗濯物や文房具、ビーズ、お金のようなものを渡しましょう。

感覚刺激の機会を増やしましょう。

■ 心地よい音楽を勧めましょう。

■ 粘土で遊ぶ、料理をするというような、触覚を使う経験を勧めましょう。

■ 感覚を刺激ボード（触って楽しめる生地や物品を貼り付けた板）を作成したり、かんぬき、ドアノブ、錠前などを入れた工具箱を用意しましょう。

探索行動やためこむ行動の際に起こりそうな事故を最小限にするために、不必要な物品を取り除いておきましょう。

■ もし、認知症のある人がものを隠し、その後それを探していたら、その物品を安全に探せる特別なスペースを用意しましょう。

■ 鍵などの貴重品は、見えたり、手の届くところには置かないようにしましょう。

■ 腐りやすいものや封を開けた食品は、見えないところに置きましょう。

■ 冷蔵庫やキッチン棚に、子ども用の安全対策ロックを付けましょう。

■ 高価なガラス製品は取り除いておきましょう。

■ ドアノブやドアハンドルは、ドアと同じ色に塗ってカモフラージュしておきましょう。

■ 「ダメ！」と書いた張り紙を、行ってほしくない場所に貼っておきましょう。

　運動や、意味のある活動を行えるような日常の習慣をつけましょう。

- 窓を拭く、掃除機を使う、皿を洗う、タオルをたたむ、というような生産的な活動を勧めましょう（例えば、大きな動きで、繰り返し行う活動）。
- パターンを見つけましょう。もし、認知症のある人が時計やメガネといった同じ物品を繰り返し持っていくようであれば、自分用に持っておけるように高価でないものを渡しましょう。
- 日常的に使うものは、見えるところに置いておきましょう。そうすれば、認知症のある人が探す必要はありません。

8　ケアの拒否や抵抗

ケアを拒否したり、抵抗するとはどういうことでしょうか？

　ケアを拒否する、抵抗する行為は様々なかたちで現れます。認知症のある人は、その場を離れる、泣く、悲鳴をあげる、ののしる、噛む、つかむ、押す、脅すといったような言語的、身体的な攻撃性を示します。不穏になり、日常生活での手助けに対して抵抗するかもしれません。

　ここでは、まず、介護者や認知症のある人の両方が、よりスムーズに日常生活を行えるように、家の環境や日常の習慣を変えるといった一般的な対応方法を説明します。後半は、入浴、食事、整容といった、それぞれの活動について紹介します。

なぜ、認知症のある人はケアを拒否するのでしょうか？

　たいていは、入浴、更衣、トイレ、食事、服薬、病院に行く、といったような直接介護スタッフが関わるケアを行う際に、抵抗する行為が起こります。認知症のある人は、その援助が何のために行われているのか、なぜ重要なのかがわかっていないのかもしれません。また、ケアを面倒なことだと思っているのかもしれません。

■ 恐怖、痛み、疲労

■ 何をするべきか混乱している

■ 不快感

■ 抑制の欠如

■ 刺激が強すぎる、もしくは注意をそらすものが多すぎる

■ 自己防衛反応

■ 介護者の行動に気づいたり、理解ができない

■ パーソナルスペースへの侵入

■ ニーズが満たされない、もしくはわかってもらえない思いの表現

対応方法

【家の環境を変えましょう】

■ 洋服を取り込むといった活動が心地よく行えるよう、部屋を十分に暖かくしましょう。

■ 作業に必要なものだけを出しておきましょう。

■ 使う物品を順番に並べておきましょう。例えば、整容に必要な道具を、使う順番に置いておきます。

■ 大きなボードに2つから3つの手順を書いておきましょう。もし、読むことに問題があれば、写真や絵を使いましょう。

■ 認知症のある人の視野の範囲内に物品を置けば、より見つけやすくなります。

■ 余計なお皿や、キッチンテーブルに置かれている新聞などの必要でないものは取り除いておきましょう。そうすれば、認知症のある人の気が散ったり混乱したりすることはありません。

■ 他の部屋から活動を確認するために、電子モニター機器を使いましょう。

■ 部屋に入りやすいように、ドアを広げたり、開けたり、敷居を低くするなど、入り口の調整をしましょう。

■ 気が散るような物品を隠すために、スクリーンやカーテンを使いましょう。

■ もし、認知症のある人が問題のある行動を始めたら、気が紛れるようなものを置いておきましょう。

■ 不快で有害な臭いのあるもの（尿臭のするものや洗浄液など）は、取り除いておきましょう。

- テレビやラジオのような背景にある雑音は小さくして、認知症のある人の気が散らないようにしましょう。
- メガネや入れ歯を使うように促しましょう。
- 特定の部屋に入ったり出たりできるように、浴室や階段に安全柵を使いましょう。この柵は十分な高さのあるものを使用し、認知症のある人が見えて、つまずかないようにしましょう。落ちたりけがをしたりしないように、安全柵は階段の一番上では使わないようにしましょう。
- 開けるとわかるように、ベルやアラームをドアや戸棚の扉、引き出しに設置しましょう。
- キャビネットや整容ダンス、ドアには鍵や安全かんぬきを使いましょう。
- 照明を調整しましょう。まぶしい光を遮るために窓をカバーしたり、薄いカーテンを使いましょう。影を取り除くために、部屋に追加の照明を置きましょう。
- すべての階段や通路には、ものを置かないようにしましょう。

【 日常の習慣を変えましょう 】

- もし、認知症のある人が何かを、いつもとは違うが効果的な方法で行っていたら、それを修正しないようにしましょう。色が合わない服を着るなどの、重大ではない間違いには目をつぶりましょう。
- 認知症のある人の日常生活動作を手伝うときは、落ち着いて、受け入れられていると感じられる雰囲気をつくりましょう。
- 多くの認知症のある人は介護者の感情に敏感なため、ポジティブな励ましをすることが重要です。もし、認知症のある人が、あなたの怒りやストレスの感情に気づけば、認知症のある人はより怒ったりストレスを感じたりします。
- 認知症のある人には、課題を完了するまで十分に必要な時間を使ってもらいましょう。
- 毎日、同じ時間に就寝する、毎食後トイレへ誘導するというような介護を日課にしましょう。
- 何をするべきか、違う方法で提示してみましょう。
    - □ 行ってほしい行為をデモンストレーションしましょう。
    - □ 「洗体タオルに石鹸をつけて」「口を開けて」のような、簡単で明白な1工程のみの手順を示しましょう。
    - □ 認知症のある人が活動をやり遂げられるように、手を取って誘導しましょう。
- 本当に援助が必要な活動だけを十分に手伝いましょう。

- もし、認知症のある人が足を洗うことができなければ、その部分だけを手伝い、入浴に関する他の工程は思い出すよう促すのみにします。
- 「この活動は本当に必要か、この活動はこの方法で行う必要があるのか？　これは後でやれないか、他の人がやれないか？」と自分自身に聞いてみてください。

- 入浴、更衣、食事のような活動に、有給または無給でアシスタントがつけられるか、あなたのサポートネットワークを広げましょう。
- ヘルパーに入ってもらい、特定の仕事を頼みましょう。
- 特定の習慣をどのように行うか、他の人に教えましょう。
- 医師や薬剤師に、日常生活活動を行うための能力に影響するであろう薬の副作用について聞いておきましょう。

入浴拒否への対応方法

【 浴槽を変えましょう 】

- 浴槽に入浴剤を入れて、お湯が見えやすいようにしましょう。そうすることで、認知症のある人が浴槽に入りたくなるかもしれません。
- お湯の温度を確認するために温度計を使いましょう。熱すぎる、冷たすぎるという発言に耳を傾けましょう。
- 自動湯沸かし器の温度が41度を超えないようにセットしましょう。[2]
- 浴槽椅子、ベンチや可動式シャワーを使いましょう。
- コントラストをはっきりさせるために、浴槽の縁に色のついたテープを貼りましょう。
- 浴槽内に手すりを付けましょう。
- ガラス製のドアは取り除くか、浴室に入りやすいように改修しましょう。

注2　消費者庁は、高齢者の入浴中の事故を防止するため、湯温は41度以下、湯につかる時間は10分までを目安にすることを推奨しています。

【 浴室を変えましょう 】

■ 入浴に使うアイテム（石鹸、石鹸入れ、タオル）は、明るい色のものを使いましょう。

■ 浴室のドアには、明るく、気づきやすい色をつけましょう。

■ 浴室ドアの鍵は取り除くか、場所を変えましょう。

■ 浴室の床には滑り止めマットを敷きましょう。

■ 認知症のある人がリラックスできるように、感覚を刺激しましょう。

■ 入浴が楽しい経験になるようにアロマを使いましょう。

■ 柔らかでリラックスできる音楽を流しましょう。

【 入浴の習慣を変えましょう 】

■ 認知症のある人に、使うアイテムを渡すときは1つずつにしましょう。

■ 入浴後は大きくて温かいタオルやブランケットを渡しましょう。これで、入浴後も温かく保てます。タオルは、入浴中も陰部を隠し、プライバシーを保つために使うことができます。

■ もし、認知症のある人が水を怖がるようであれば、可動式シャワーを使いましょう。

■ 入浴中は落ち着いて、安心できる雰囲気をつくりましょう。特に、認知症のある人が浴槽に出入りするときや、シャワーを使うときにそうしましょう。

■ 特に不穏な状態のときは、怒ったり批判したり、パーソナルスペースに侵入したりしないようにしましょう。

■ 認知症のある人が浴室に向かって歩いたり、浴槽に出入りする際に集中する必要があるときには、話しかけないようにしましょう。

■ 認知症のある人に、どれだけきれい（清潔）にしているか、努力の具合を褒めましょう。

■ 認知症のある人が光の強さに慣れるために、十分な時間をかけましょう。

■ 目が明るさの違いに慣れるまで、立ったり座ったりするのに安全な場所を用意しましょう。

■ 別の入浴スケジュールを検討しましょう。例えば、週2回浴槽につかる、もしくは毎日体を拭くのみなど。

■ もし、認知症のある人が夜にしっかり休めたようであれば、朝に入浴してみましょう。

更衣の拒否への対応方法

【 家の環境を変えましょう 】

■ クローゼットから、季節に合わないもの、身体に合っていないもの、少ししか使わないものは取り除きましょう。

■ 好きなアイテムは一緒にまとめるよう、クローゼットや洋服ダンスを整頓しましょう。

■ 着脱しやすい服を選びましょう。例えば、ベルクロ（マジックテープ）で留めるようなものや、スモックのようなもの、ウエストがゴムになっているものは脱ぎ着しやすいでしょう。

■ ゴムのひもや、ベルクロで留める靴を使いましょう。

■ 洋服を整頓するために、台や棚、小箱、追加のスペースを設置しましょう。

【 更衣の習慣を変えましょう 】

■ 色やデザインの選択肢を限定しましょう。

■ 認知症のある人が着る順番に服を並べましょう。

■ いろんな方法で組み合わせられるように衣服を買いましょう。

　□ いくつかの基本となる色を選んで、その色の無地のズボン、シャツを買いましょう。

　□ ブラウス、セーター、シャツも、いくつか選んだ色の中から柄、無地のものを購入しましょう。

　□ 着るものすべてをセットにして用意しておきましょう。

　□ このセットには、下着、靴下なども入れておきましょう。このセットを渡せば、認知症のある人が着るものを探さなくてすみます。

■ 朝すぐに着る服を見つけられるように、寝室の1か所にまとめておきましょう。

■ 認知症のある人が汚れた服をまた着ることのないように、日常的に片付けるようにしておきましょう。

■ 認知症のある人が着替えるとき、着るものを1つずつ渡すようにしましょう。

■ 簡単な1工程のみの声かけをしましょう。例えば、「袖に腕を通して」「ズボンを引き上げて」などです。

■ 見た目や着替えるときの努力を褒めましょう。

■ 認知症のある人が、連日同じ服を着たいと言えば、それに対応しましょう。

■ 認知症のある人の肌にとって、柔らかくて心地よい素材の服を選びましょう。

- 可能であれば、認知症のある人に好きな服や色を選んでもらいましょう。
- 季節外れの服は片付けておきましょう。薄いシャツは、家族が間違えて着させないように、冬の間はクローゼットから除いておきましょう。
- もし、認知症のある人が毎日同じ服を着たいのであれば、同じものを買っておきましょう。
- 更衣に関して、社会的な目標を設定しましょう。例えば、認知症のある人に友人が訪ねてくると伝え、そのための洋服を着るように促してみましょう。

食事の拒否への対応方法

【 家の環境を変えましょう 】

- 一貫した方法で、食具やお皿、食事を並べましょう。
- お皿の柄で注意散漫にならないように、白いお皿を使いましょう。
- 食事のセッティングは食具を1つのみにしてシンプルにしておきましょう。認知症のある人が食事をすくい上げることができるので、スプーンが最も簡単に使えるでしょう。
- お皿は、対比の色で、くっつかない素材の上に置きましょう。
  - □ 例えば、白いお皿の下に青いランチョンマットを敷きましょう。
- もし、コップから飲みものがこぼれることが問題であれば、漏れない蓋のついた持ち運び用マグカップや、ストロー付きの蓋の付いたコップを使いましょう。
- 食欲がわく香りを立たせるために、シナモンやオレンジのポプリを使ってみましょう。
- 電気やガスは完全に電源を切るスイッチを使いましょう。
- 太柄スプーンや、すくいやすいお皿のような自助具を使いましょう。
- どんぶり、すくいやすいお皿、皿枠のついたお皿を使えば、認知症のある人はスプーンなどに食事をのせやすくなります。
- 太柄スプーンなどの自助具を使えば、握ったり持ったりするのが、より簡単になります。
- 家族がいつも食事をしている場所で、大きく、安定した食事スペースを確保しま

しょう。
- ■ テーブルや椅子を認知症のある人の最適な高さに調節しましょう。

【 食事の習慣を変えましょう 】
- ■ 1回に1種類の食べものを提供しましょう。
- ■ お皿やテーブルで、食事が美味しそうに見えるようにセッティングしましょう。
- ■ もし、噛むことに問題があれば、切ったり柔らかい食事を提案してみましょう。
- ■ ソースなどで食品を湿らしましょう。硬い食品や、口の中でバラバラするナッツや種、乾燥していてくっつきやすい食パンやピーナッツバターは避けましょう。気づきにくいですが、認知症のある人は、噛みやすく飲み込みやすいもののほうが、食事を楽しめます。
- ■ 口へのためこみが問題であれば、食品を小さく切りましょう。
- ■ 食べすぎが問題であれば、食事をお皿に小さく盛りましょう。
- ■ 認知症のある人の食事が進まないときは、医師と歯科医師に医学的な理由がないか確認しましょう。
  - □ 認知症のある人に関わる医療スタッフに食事について話を聞いてみると、あなたのほしい情報について、彼らの専門的意見が聞けるかもしれません。
  - □ 入れ歯が合っていたとしても、歯科医師に見て確認してもらってください。もし、入れ歯が合っていなければ、食事を噛む能力に影響します。
- ■ もし、薬が認知症のある人の食欲に影響しているようであれば、医師や薬剤師に連絡してください。
- ■ 口の中の傷や、飲み込みにくさのような、不快で食事がしにくいような状態があれば、医師に確認してください。
- ■ 認知症のある人が摂取している食事量や水分量について気をつける必要があれば、医師や栄養士に確認してください。1日にどのくらいのカロリーを摂取する必要があるのか判断できるようになります。もし、認知症のある人が以前より活動量が減っていれば、それほど食事は必要なくなっているかもしれません。
- ■ 食欲に影響するおやつについて確認し、適切なおやつプランを組んでください（例えば、カフェインは食欲を減退させます）。もし、認知症のある人が十分に食事を摂らないのであれば、よく座っている場所付近におやつを置かないようにしましょう。
- ■ もし、認知症のある人が食事を拒否しても、食事をするように強く勧めたり、

説得しないようにしましょう。こうすると、しばしば両者にストレスが生じ、けんかにつながります。このような場合、以下のことは手助けとなるかもしれません。

- □ 認知症のある人と同じときに一緒に座って食事をしましょう。
- □ 認知症のある人が食事を中断したら、たまに促してみましょう。
- □ 促しははっきりと、特定の内容で行いましょう。食事をしないか聞いたり、なぜ食事が必要なのかを説明するのではなく、シンプルにこのように言ってみましょう。「お母さん、お芋を噛んで」。
- □ 柔軟に考えましょう。そうすれば、あなたや家族がストレスから解放されます。例えば、認知症のある人がある食品を食べるのが難しければ、他のものを試してみましょう。

■ 食事や飲みものがこぼれてもよいように、シャツや、スモック、エプロンをつけましょう。

■ もし、車椅子を使っている場合は、なるべく普通の椅子に座りなおしましょう。もし、テーブルにつく際、車椅子がしっかり座るのに必要であれば、肘掛けを外しましょう。

■ お皿と認知症のある人の口までが、25～30㎝離れるようにしましょう。

■ 認知症のある人が食事の道具を使うのが難しければ、手でつまんで食べられる食事を用意し、手で食べるように促してみましょう。

■ 手でつまんで食べられる食事は、栄養が摂取でき、難しい道具を使って食べる食事の代替手段として使えます。自分で食べることは、食事への自信をつけ、自立した食事を促進します。

■ テレビを見ながらの食事はしないようにしましょう。テレビは認知症のある人の注意をそらします。

■ 認知症のある人への食事介助が必要であれば、以下の介助方法を行いましょう。
- □ 次の一口を口に運ぶ前に、十分な飲み込みの時間をとりましょう。
- □ 口にたくさん入れすぎないようにしましょう。
- □ 認知症のある人に、食べものや食具を持って、手を口に運ぶように促しましょう。
- □ 食べものをごちゃまぜにしないようにしましょう。
- □ 認知症のある人が口を開けられるように、下あごを軽く下に押してみましょう。
- □ 認知症のある人が、噛む、ゆっくり食べる、飲み込むということを思い出

せるように、優しく介助しましょう。

- □ 認知症のある人とテーブルについて、食事をしましょう。
- ■ もし、いつもはいない家族や友達が食事を一緒にすることになれば、社会的交流のために、最初にひとりは親しい家族に同席してもらいましょう。
- ■ できれば、一緒に食事をするのは少人数にしましょう。（あなたと認知症のある人を含めて合計4人）
- ■ 認知症のある人が落ち着いたり、刺激するために、適切に身体に触れましょう。

整容の拒否に対する対応方法（個人の衛生）

【 家の環境を変えましょう 】

- ■ 1種類の整容の活動ごとに1つのラベルを付けた容器に、必要なすべての道具を入れましょう。容器は透明なプラスチック、もしくは不透明なものなら、下記の写真や絵のラベルを付けたものにしましょう。（ヘアブラシのような簡単なものから、化粧道具のような複雑なものまで）。
  - □ 認知症のある人や他の人が必要な物品を使っている動作の写真や絵
  - □ 行為や物品を示す文字（例えば、髭剃りに使うすべての物品に"髭剃り"と書いて、髭剃りをしている人の写真も付けましょう。文字の読解に問題がある人には、認知症のある人が髭剃りをしている実際の写真を使うことが望ましいでしょう）
- ■ 日常的に使わない物品は取り除いておきましょう。他の家族が使う物品も見える場所から取り除いておきましょう。
- ■ 認知症のある人にとってなじみのある商品や商品パッケージのみを使いましょう。つまり、ポンプ式容器の石鹸や歯磨き粉は新しすぎたり、混乱しやすいかもしれません。
- ■ なじみのある代替品を保存しておくために、似ているパーソナルケア用品をいくつか買っておきましょう。例えば、使い古したりなくなったりしたときのために、すべて同じ形状と色の歯ブラシや櫛をいくつか買っておきましょう。
- ■ 浴室や脱衣場で使うすべての電子機器（電動髭剃りやドライヤーなど）は、介助して一緒に使用するか、水との接触を避けるため、他の部屋で使うように調整しましょう。
- ■ 必要であれば、すべての電子機器を浴室や脱衣場から取り除きましょう。
- ■ やけどしないよう、給湯器は41度以上にならないように調整しましょう。
- ■ 整容動作のための自助具を使用しましょう。

■ 整容の工程や物品が目立って気づきやすいように、明るいはっきりした色（赤、黄色、オレンジ色）自助具を使いましょう。

【 整容動作の習慣を変えましょう 】

今、歯を磨いてください

■ 認知症のある人が歯磨きをしたり、髭剃りなどをしたいようであれば、その行為をしたいか尋ねないでください。代わりに「今、歯を磨いてください」と伝えましょう。

■ 整容に必要な道具を手渡してください。手渡すものの名前を伝えてください。

■ 他の人が浴室を使うのを待たなくてもすむようなタイミングで、整容を予定しましょう。これで、認知症のある人に十分な整容のための時間をとることができます。

■ 整容の社会的な目標を設定しましょう。「見た目がとても清潔で素晴らしいですね。散歩に行って、みんなに見てもらいましょう」と声かけしてみましょう。

⑨ 失禁

> ## 失禁とはどのようなものでしょうか？

　失禁とは、膀胱、腸の調整ができなくなった状態や、尿や便が漏れることをいいます。あるタイプの失禁は他のタイプと連動せずに起こることもあります（例えば、尿のコントロールは大丈夫だが、肛門括約筋の機能低下により失便が起きるなど）。失禁は認知症の後期の段階でよく見られます。

> ## なぜ、失禁が起こるのでしょうか？

　もし、失禁が今まで見られなかったとすれば、最初の段階は、制御が不能になっ

た理由を明らかにすることです。失禁は、回復可能な場合もあります。認知症のある人の習慣、服装、環境を変えることで対応できるかもしれません。

- 尿路感染症、便秘、前立腺肥大のような医療的な問題のある状態
- 移動に困難があるために、行きたいときにトイレへ行くことが難しい
- 薬の副作用
- トイレを見つける能力の低下
- トイレで服を脱ぐことが難しい
- おしっこをしたいという衝動や本能に気づかない
- トイレやポータブルトイレに気づくことが難しい
- トイレに行きたいことを伝える能力の低下

対応方法

【 家の環境を変えましょう 】
- トイレに行きたいときに簡単に見つけられるよう、トイレや排せつする場所のシンプルで直接的な絵や写真を表示しましょう。
- トイレのドア以外はすべて閉めておきましょう。
- トイレのドアを明るく、気づきやすい色で塗りましょう。
- リビングや寝室からトイレまでを、大きな矢印の表示で誘導しましょう。
- トイレを使う男性もしくは女性の絵をトイレに掛けましょう。
- 色のついたパッド入りの便座を使いましょう。
- 夜は夜間照明を使い、トイレは1日中明かりをつけておきましょう。
- 認知症のある人が、シンクやごみ箱、洗濯かごをトイレとして使うような場合は、取り除くかカバーをかけましょう。
- トイレ動作の工程を、より安全に、簡単にするために、補助器具を使いましょう。
    - □ トイレの移乗には、手すりを使いましょう。
    - □ 補高便座を使いましょう。
    - □ 夜間は寝室でポータブルトイレを使いましょう。

【 日常の習慣を変えましょう 】
- 失禁があったときに、不平を言ったり怒らないようにしましょう。

□ 失禁は本人にとって、恥ずかしいことだという理解をしてください。

□ 感情を入れずに淡々と失禁を理解するようにしましょう。認知症のある人がトイレに成功したら、褒めたり励ましたりしましょう。

■ 認知症のある人がトイレに行きたいようなサインを出していないか、注意しておきましょう。

□ トイレに行きたくなったら、介護者に伝えるように促しましょう。

□ もし、伝えるのが難しそうであれば、普段と異なる声や表情、落ち着きのなさ、服のチャックが開いていたり、行動スピードなど、トイレに行きたい兆候を見つけましょう。

■ 失禁が起こったときは原因を明らかにし、トイレ誘導の計画を立てましょう。

■ トイレ誘導の計画を立てるために、失禁が起こった日や時間を記録しておきましょう。

■ 2時間ごとにトイレに行く習慣をつけましょう。

■ もし、トイレに行く習慣がつけば、その習慣を不必要に変えないようにしましょう。

■ 質問ではなく、説明する形式で、工程を伝えましょう。例えば、「トイレに行きたい？」ではなく、「今、トイレに行きましょう」という伝え方をしましょう。

■ 身振り手振りを使いましょう。認知症のある人の肘を持って、トイレへ向かったり、トイレを指さしたりしましょう。

■ 失禁は病気が原因なのか、主治医に相談しましょう。

■ アルコールやカフェインの摂取を減らしましょう。これらは膀胱の刺激物となる可能性があり、認知症のある人がより緊急で頻回な排尿を伴うかもしれません。

■ 就寝する数時間前は、水分摂取を避けましょう。

■ ズボンやパンツを下ろす介助をし、トイレに座る手助けをしましょう。

■ 認知症のある人の服装は、シンプルで使いやすいものにしましょう。

　□ ズボンやスカートはウエストがゴムで、ベルクロで開け閉めできるものに
　　しましょう。

　□ 上下が分かれている洋服にして、汚れても下だけ変えればよいようにしま
　　しょう。

■ 尿パッドや防水用のベッド用品、大人用おむつ、女性には失禁用パンティライ
　ナーなどの商品を使うことも検討しましょう。

■ 水分摂取したり、シンクに水を流す音で、排せつしたい気持ちを刺激してみま
　しょう。

■ 医師が禁止しない限り、認知症のある人に1日6杯分の水分摂取を促しましょ
　う。

■ カフェインの入っていない紅茶、ゼリー、アイスキャンディ、フルーツジュー
　スを試してみましょう。

■ もし、食物繊維サプリメントを勧められた場合、毎日同じタイミングで飲み、
　習慣化しましょう。

■ 失禁は医療的な問題のある状態や病気によるもので、認知症のある人がコント
　ロールできるものではないことを忘れないでください。

10 自身を傷つける行為

> ❯ 自身を傷つける行為とはどのようなものでしょうか？

　自己破壊行為は意図されたものかもしれませんし、意図的でないものかもしれません。リストカットのような意図的あるいは故意に自分を傷つける行為は、痛みやけがの原因になります。もっと間接的あるいは意図的でない他の行為でも、自分を傷つけることがあります。例えば、薬の乱用、飛び降り、根性焼き、摂食障害などが含まれます。これらの行為は認知症のある人にとって危険で、かなり深刻な状況になりうることに彼らは気づいていないかもしれません。

なぜ自分を傷つける行為が起こるのでしょうか？

多くの認知症のある人は、自分の機能障害に気づいていないことがあります。そのため、彼らのとった行動の危うさ、結果として自身を傷つける可能性があることへの認識もないでしょう。さらには、いくつかのタイプの認知症では、満ち足りた無関心（la belle indifference）、つまり心配、懸念、不安を感じることがなくなる症状も生じることがあります。

よくあるきっかけ

■ うつ
■ 知識を適切に活用できないような能力の障害
■ 他の人を認識したり、適切に理解したりする能力の障害
■ 危険な行為に対する認識不足

対応方法

■ 危険なものを捨てたり、鍵をかけたりします。これにはマッチやナイフ、ライター、工具、アイロン、銃のようなものが含まれます。
■ すべての古い薬は捨てましょう。これはそれらを間違って飲まないようにするためです。
■ 煙探知機の電池を確認し、アラームの音量も十分に聞こえるかどうか確かめましょう。キッチンに消火器を置いておきましょう。
■ 温水器の温度は低くしておきましょう。認知症のある人が急に使ったときのための対策です。
■ 認知症のある人が徘徊する場合には、地下や倉庫のような危険性がある場所には鍵をかけるなどして、侵入を制限しましょう。
■ 毒性のあるものは廃棄するか、鍵のかかる場所に保管しましょう。洗剤、殺虫剤、薬などがその対象に当たります。これは認知症のある人が不用意に飲んだりしないようにするためです。薬は鍵のかかる箱や棚にしまいましょう。
■ もし認知症のある人が運転する場合には、やめるように話しましょう。
■ 認知症のある人が誤って毒をもつ植物（例えば、キョウチクトウ）を食べないように、それらは捨てるか、手の届かないところへ置きましょう。

- 認知症のある人がストーブのスイッチをつけないように、ストーブのスイッチは隠しましょう。火を使う暖房器具のリモコンは、見えない所にしまっておきましょう。
- ドアや窓は認知症のある人がけがをしないように固定しましょう。
- 掃除や洗濯の道具を保管する棚の戸には、簡単に開けたりできないようにする留め具を付けておきましょう。
- 誤って鍵をかけて閉じ込められたりしないように、認知症のある人の部屋の内鍵はなくしましょう。
- 警察、消防、家族や友人など重要な人や場所の電話番号は、掲示しておきましょう。
  - もし、電話番号が保存できる電話機なら、緊急連絡先を登録しておきましょう。これらは緊急時に役に立ちます。
- 認知症のある人に気分転換をしてもらいましょう。
  - 簡単なゲームや音楽、家族の写真を見るなどするのもよいでしょう。
- 認知症のある人の予定をできるだけ整理しましょう。これは週に数回デイサービスに行くことや、1日のうちの一部を誰かに来てもらって様子を見てもらうことなどが含まれます。
- 医師に相談しましょう。うつ症状がある場合、特に自殺願望や自傷行為、それらの試みがあるときには特にしておいたほうがよいでしょう。抗うつ薬の適応についても医師に相談しましょう。認知症のある人がそれらを服用することは効果があります。

11 器物破損

器物破損とはどのようなものでしょうか？

　認知症のある人は適切に体を動かせなかったり、正しくもの（設備など）が使えなかったりする結果として、器物を傷つけ、破壊することがあります。動きの開始や実行の障害は失行と呼ばれ、認知症でもよく生じます。興奮の可能性となるきっかけを明らかにすることは、破壊的反応を防ぐためのポイントとなります。

なぜ器物破損が起こるのでしょうか？

　興奮の可能性となるきっかけを明らかにしましょう。これは破壊的反応を防ぐポイントとなります。

よくあるきっかけ

- ものの使い方を、もはや理解していない
- 怒りやいらだちを引き起こす興奮
- 破壊的反応

対応方法

- 壊れやすいものを視界に入れないようにしましょう。
- ハンマーやナイフも適切に保管されるべきです。これは認知症のある人がそれらを使用してけがをするのを防ぐのに役立つでしょう。
- 器物破損をしないように、興奮状態をコントロールしましょう。
  - □ 認知症のある人の気をそらし、他の活動へ注意を向けるように促しましょう。
  - □ 認知症のある人をより落ち着かせる環境へと移ってもらいましょう。
  - □ 落ち着いた、安心を与える声を用いましょう。
- 認知症のある人が安全に、好きなように動ける部屋を用意しましょう。
  - □ この部屋は自由にものを出し入れできたり、また自由に開閉できる引き出しがあってもよいでしょう。

12 性的不適切行為

性的不適切行為とはどのようなものでしょうか？

性的不適切行為には、次のようなものが挙げられるでしょう。

■ 寝室のドアを開けっ放しにしてのマスターベーション

■ 公共の場所や近所で裸になることや露出行為

■ 配偶者への、公共の場所でのみだらな行為

■ 公共の場所での、知らない人（例えば、レストランのウエイトレス）への性的な行為

なぜ性的不適切行為が起こるのでしょうか？

　性的感情は通常、晩年や認知症になっても続きます。認知症の様々なタイプの中には認知症のある人の性的感情が誇張されることもありえます。これは性行動の亢進といわれるものです。認知症の性行動の亢進を悪化させる一般的問題は脱抑制で、通常の抑制や判断を失わせます。これらの行動は介護者にとっても、とても苦悩を伴います。社会的品性は失われるかもしれませんし、公衆の場で不適切な発言をするかもしれません。自分の行動の結果についての内省を欠くこともよく見られます。これらの行動は身体的原因をもち、いつもコントロールや我慢できるものではないのです。

よくあるきっかけ

■ 入浴のために服を脱いだことを理解しておらず、勘違いしている

■ ハグを性的な接触と勘違いしている

■ 不快感──暑すぎる、服がきつすぎる

■ 通常のいらだち

■ 排尿のニーズ

■ 注意、好意、親密の欲求

■ 自己刺激、何か良い気持ちに反応している

- 股の不快感、いらつき
- 宿便
- アルコール依存や退行症状

性的不適切行為を防ぐ対応方法

- 性的な内容を含んだテレビ番組（例えば、昼のメロドラマ）はチェックして、テレビを消すようにしましょう。
- （もしあなたが普通でないと考えるなら）医師にその人の性的な行動に関して相談しましょう。何らかの医学的管理が行える可能性を確認できます。
- 不適切な行為が起こりうる場所へ行くのを避けましょう。
- 認知症のある人がもし介護者の配偶者で、介護者が性的な行為を望んでいないのであれば、寝る場所を分けるか、ベッドに入る時間（認知症のある人を先に寝かせる）や、朝起きる時間をずらしたり（認知症のある人よりも先に起きる）するようにしましょう。
- 性的なメッセージを、冗談かどうかにかかわらず送らないようにしましょう。
- ジェスチャーなどでも、性的なメッセージを伝えるのは避けましょう。
- 入浴などの個人的なケアを行っているときに、性的な話題は避けるなどして、認知症のある人の注意をそらすようにしましょう。
- 暑すぎないように温度に気をつけるようにしましょう。
- 快適に過ごせる服装を選びましょう。

性的不適切行為が起こらないようにする対応方法

- 性的不適切な行為について、認知症のある人がアプローチしそうな人に説明をして、その説明を書いたものも渡しておきましょう。
- 落ち着いて毅然とした対応をしましょう。オーバーに反応したり、正面から立ち向かったりしないようにしましょう。共有スペースや庭で服を着ずにいるようであれば、羽織るものを用意して、隔離された場所に移動しましょう。
- 注意をそらし、他に注意を向けるようにしましょう。
- 運動をするように促しましょう。
- 静かな環境にして、心が休まる音楽をかけましょう。

13 社会的不適切行為

> ## 社会的不適切行為とはどのようなものでしょうか?

　個人の社会的行為の変化はとてもよく起こります。認知症のある人は何をどこで言ったり、したりするべきかという社会的規範を守れないかもしれません。例えば、認知症のある人は他人の見た目にも不適切な発言をする可能性があります。これらの行為は介護者をとても困らせるかもしれません。

> ## なぜ社会的不適切行為が起こるのでしょうか?

　脱抑制、判断力の低下、柔軟性の低下が不適切行為の原因です。抑制のない行為で、柔軟性の欠如した、無礼で攻撃的に見える言動です。

よくあるきっかけ

- 見当識障害
- 混乱(例えば、娘を妻と間違える)
- 複雑な課題を与えられる

社会的不適切行為を防ぐための対応方法

- 知らない人との接触は制限しましょう。トラブルが起こる機会を減らして、いつもの慣れた活動を行うことはできます。例えば、レストランはピークの時間は避け、空いていて座れるところを見つけて行くなどが挙げられます。もしスーパーに認知症のある人と行くなら、混み過ぎていない時間を見つけて行くようにしましょう。
- もし認知症のある人が何か社会的に不適切なことをする場合は、そのことを知らない人には不適切な行為に関する簡易な説明書を見てもらい、その行為に関して説明し、前もって理解してもらいましょう。
- 認知症のある人と口論するのはやめましょう。優しい声で、柔らかい言葉を

使って、あなたを悩ませる行為を、認知症のある人に知ってもらいましょう。彼らが平静を失ったり、混乱や恐怖感を生じたりしているようであれば、再度落ち着いてもらいましょう。あなたのことを理解できるように、ゆっくりと、はっきりとした口調で話すようにしましょう。

■ あなたの要求や意図を繰り返して話すように心がけましょう。認知症のある人はあなたが意図していることをすぐには理解できないかもしれません。また、あなたがお願いしたことや、「しないで、言わないで」と言ったことを忘れているかもしれません。

■ 認知症のある人の言葉や行動を、その人の個性として受け止めないように心がけましょう。不適切な行動を起こしている原因が病気であることを心にとどめておきましょう。

■ 活動の中で、認知症のある人が参加できるように促しましょう。例えば、スーパーで認知症のある人が誰かに話しかけているのを見たら、落ち着いて彼らのそばに行き、買い物中には一緒に行動したほうがよいかを考えましょう。そして、シリアルの箱を持ってもらったり、カートを押してもらったりするなど、いくつか手伝ってもらえることをお願いしましょう。

14 攻撃的、好戦的行為（言語的あるいは身体的脅迫行為）

攻撃的行為とはどのようなものでしょうか？

　攻撃的な行為には普通、言葉や体を使うものがあります。攻撃性は、初めに不安感などが存在して、それが言語的行為に進展していくというステージがあるのが一般的です。言語的な攻撃的行為は、否定的な言語による感情の爆発的な表出行為です。もし、認知症のある人から見て、この攻撃的行為で事態が良くならなかった場合、身体的攻撃行為に移行します。身体的攻撃的行為は叩く、押す、つねる、髪を引っ張るなどの体を使った行為になります。

攻撃的行為はなぜ起こるのでしょうか？

　いらだちや攻撃的行為は、周囲からの同じようなきっかけにより引き起こされることがあります。認知症のある人は、周囲で何が起こっているのかの理解ができなくなって、周囲をあきれさせるような言動をすることもあります。これらの抑制がきかない状態は、認知症のある人が自分の行ったことがどのような結果に至るのか、認識をもできなくさせるかもしれません。

よくあるきっかけ

- 痛みや不快感
- 休息や睡眠の不足
- 視覚障害、聴覚障害
- 神経過敏や妄想のような薬の副作用
- 周囲の環境からの刺激が多すぎる
- 慣れない環境
- いつもの習慣の変更
- ストレスや欲求不満
- 恐怖
- 脳の変化によるコントロールの欠如
- どのようにしたらよいか、もはやわからない何かを伝えようとしている
- コミュニケーション能力の欠如
- 医学的問題
- 身体的制限

攻撃的行為を最小化する対応方法

【 家の環境を変化させましょう 】

- 活動が多すぎたり、うるさすぎたりする場所は避けましょう。多くの人がいる場所や散らかっている場所も避けましょう。
- 親しみのあるものを周りに置きましょう。例えば、写真、ぬいぐるみ、服、ソファなどは気持ちを落ち着ける効果がある可能性があります。
- 好きなペットも落ち着く効果があるかもしれません。

■ 自宅の中を変えるのはできるだけ避けましょう。例えば、好きな椅子はそのままにして、同じ場所で使えるようにしておきましょう。あなたがもし変える必要性を感じているのなら、徐々に行うようにしましょう。

【 フラストレーションを防ぎましょう 】

■ 認知症のある人の能力をふまえて、何ができるかを現実的に妥当なレベルで考えておきましょう。

■ 前にできていたことすべてが将来的にできるとは限らないことを理解しておきましょう。

■ 認知症のある人がいつもより落ち着いているときに、本人の嫌がること（例えば、入浴や更衣など）を行ってもらえるように促しましょう。

■ 認知症のある人が起きて食事をしたあとすぐに入浴してほしいと思うかもしれませんが、無理強いをしないようにしましょう。

■ 認知症のある人が十分な休息が取れているか確認しましょう。

■ 認知症のある人が運動をしているか確認しましょう。例えば、散歩したりするなど。

■ 認知症のある人が課題を行えなかったり、最後までできなかったりしても、無理強いをして続けさせることがないようにしましょう。

■ 認知症のある人の注意をそらし、またあとでできるようにしましょう。

【 いつもの習慣を確立しましょう 】

■ 毎日同じ時間に同じことをしましょう。

■ 選択肢を少なくして、混乱を避けましょう。例えば、10種類のズボンから着る服を選ぶより、2種類から選べるようにしましょう。

■ 指示をするときには工程に分けて、1つずつ行ってもらいましょう。

■ 次のことをする前に、前の工程が終わってから促すようにしましょう。

■ 認知症のある人を承認しましょう。もしあなたが現実に沿っていない、間違っていると感じるときにもサポートをし、受け入れるようにしましょう。

■ 認知症のある人を説得して、認識を正しくさせようとはしないようにしましょう。認知症のある人は自分の言っていることを本当に信じています。彼らが間違っていることを説得しようとすると、さらに彼らは混乱するかもしれません。同意をしたり、話題を変えたりするほうがよいかもしれません。

■ 認知症のある人を混乱させるような特定の状況がわかっているのなら、柔軟に対応しましょう。例えば、寝室に行くように促されて、いらだつかもしれませ

ん。できるだけ手短に促して、喜んで行ってもらえるようにしましょう。

■ 認知症のある人を急かすようなアプローチをしないようにしましょう。

■ 認知症のある人をびっくりさせないようにしましょう。必ず正面から近づき、話しかけましょう。

■ ボディランゲージに注意をしましょう。認知症のある人はあなたの怒りやいらだちを感じとるかもしれません。手を腰に当てたり、足踏みで威嚇したり、認知症のある人を指さしたりしないようにしましょう。

■ 一度にたくさんのことを聞いたり、言ったりしないようにしましょう。

■ 認知症のある人が困っているときに、あなたに話ができるようにしましょう。これにより、あなたが何をすべきか良いアイデアが浮かぶでしょう。

【 コントロールできないようないらだちを抑えましょう 】

■ セカセカし、落ち着きがなく、大きな声でしゃべるようなイライラしている兆候を見ておきましょう。

■ 一度、兆候を見つけたら、状況が悪くなるのを防ぐように気をつけることができます。

■ 落ち着いて、毅然とした態度で怒りや感情の爆発に対応しましょう。怒りがより強くなるのを防ぎましょう。

■ 「ここは安全ですよ。あなたを誰も傷つけたりしませんよ」と落ち着いて、はっきりした調子で言いましょう。行為が落ち着くまで、優しく繰り返しましょう。

■ もし認知症のある人が課題を終えようとしているときに混乱に陥ったら、他の課題をやってみましょう。混乱が収まってから最初の課題に戻りましょう。

■ もし認知症のある人が靴下を履こうとしていて混乱したら、一息入れて、髪をとかすことを勧めましょう。認知症のある人が落ち着いたら、再び靴下を履いてもらいましょう。

- 身体的（例えば、病気など）、環境による影響が原因で、怒りやいらだちが生じていないか確認しましょう。
- もし可能であれば、認知症のある人が混乱する状況は避けましょう。静かな部屋に移動したり、散歩したりするようにしましょう。
- 対立は避けましょう。
- 注意をそらすようにし、他の活動に誘いましょう。例えば、アルバムを見るように言ったり、お茶を一緒に飲むように提案したりしましょう。
- 認知症のある人のパーソナルスペースを尊重しましょう。
- もしあなたがそばにいれば、認知症のある人はより安心して過ごせるでしょう。近くに行きすぎると、逆に恐れや怒りにつながるかもしれないので、気をつけましょう。

【 激怒して攻撃的行為が起こったとき 】

- 問題となった行為に関して、認知症のある人を非難しないようにしましょう。認知症のある人はその行為をあまり覚えていないかもしれません。
- 個人の性格に関して取り上げないようにしましょう。イライラさせたり、混乱させたりするかもしれません。
- その状況や何が問題を生じさせたのかに関して特別な注意を向けましょう。パターンを見つけたり、原因を明らかにできるかもしれません。パターンを探すため、怒ったときの記録をしておきましょう。攻撃的なエピソードの前に何が起こったか、誰がその場にいたか、何に怒ったかに関して記録をつけましょう。これは将来、同じような問題を避けることを助けます。
- 認知症のある人にいくらか時間をあげましょう。あなたが彼らに再度近づく前にクールダウンするための時間になります。

15 心配、恐怖、不安およびうつ

> ## 心配、恐怖、不安およびうつとはどのようなものでしょうか？

　これらは認知症の進行とともに現れる可能性のある一般的感情です。認知症のある人は感情を直接的に表現できないこともあり、とても悲しそうで、無気力なよう

に見えるかもしれません。神経質そうに両手をもみ合わせているかもしれませんし、外出先で介護者の後について行くだけかもしれません。

これらの感情はなぜ起こるのでしょうか？

これらの感情は何かが起こっていることへの恐怖や不安、自分がどこにいるのかわからないという混乱が背景にあるかもしれません。

よくあるきっかけ

- 特に認知症の初期に起こりやすい、能力の喪失感への反応
- 見当識障害や混乱の感覚（これは不安や恐怖を続発させるかもしれない）
- 脳の器質的変化
- 薬の副作用
- 身体疾患
- 社会的孤立
- 疲労
- 大きな音や群衆のような望まない刺激を除外する能力の喪失

恐怖や苦痛を管理する対応方法

- 毎日の習慣を維持するように心がけましょう。
- 認知症のある人が感情表出するのを認めましょう。
- もし認知症のある人が言語的に感情を表せるなら、心配や不安について話す機会をつくりましょう。耳を傾け、楽に話せるようにしましょう。
- もし、認知症のある人が言語的に感情を表出するのが困難な場合、彼らの感情を表すような写真や絵を見せて、指さして答えてもらうようにしましょう。
- もしこれがうまくいかない場合は「あなたは心配なの？　あなたが心配に感じていればうなずいて」と言い、そこから推測しましょう。
- スナックやドリンクなどの気軽に食べられるものを、認知症のある人に提供しましょう。
- あなたがどこかへ行く必要があるときには、その前にそれを告げないようにしましょう。

- 快適な音楽をかけましょう。
- ハグや優しく背中を包む、腕を組む、握手をするなど、快適と思われる身体的接触をしましょう。
- 落ち着いた、不安をなくすような声のトーンで話しかけましょう。
- ポジティブに考えましょう。繰り返しの称賛は、介護者と認知症のある人の感情をより良くしてくれるでしょう。
- 活動に参加するとき、認知症のある人が気分を害さない大きさのグループかどうかを見極めましょう。また、忙しく、活発なグループの状況が気分に悪影響を及ぼしていないかも確認しましょう。
- 現在も昔と似たような活動が楽しめるように、その人が過去を楽しむことが重要でしょう。
- 認知症のある人が活動に参加できるようにしましょう。
- 何もすることがない時間は、感情や行動の障害を引き起こすことがあります。活動をしていると、イライラすることもあるかもしれませんが、重要なのは活動への参加を継続することです。援助も必要かもしれませんが、活動を行うことで部分的にでも楽しめるかもしれません。楽しめることは認知症のある人の感情面のサポートに有用でしょう。過去の趣味や興味を参考にして活動を考え、認知症のある人の長所や短所を考えましょう。長所を使った活動を取り入れましょう。能力が低下しているのにもかかわらず、その能力が必要とされるような活動は避けましょう。
- 日々の活動に楽しむ機会が組み込まれていれば、認知症のある人は気分良く過ごすことができるかもしれません。これらは散歩や園芸、音楽を聴くこと、電話で友達や親戚と話をすることのような簡単な活動かもしれません。大きなドミノを使ったり、ゲームを簡素化すれば、ドミノやカードゲームで容易に遊ぶことができます。
- 担当医と話をしましょう。うつの治療や多くの抗うつ薬、特に SSRI（選択的セロトニン再取り込み阻害薬）は認知症のある人にもとても有効なことが多いです。うつはたびたび不安と共存し、両方とも同じ薬を用いることができます。これらの状況を悪くする可能性もあるので、いつもの様子を医師などに報告することが大切です。
- 認知症のある人が最も疲れていないときに気づき、そのときに大切な課題を提供しましょう。
- プロのカウンセラーに話ができるようにしましょう。心理療法、個人・集団療法どちらでも、早期の認知症のある人には利用できるものがあるかもしれませ

ん。認知症のある人の心理療法は、現在医療保険で負担できます（アメリカでは）。

16 幻覚と妄想：想像上のものを見ること、聴くこと、感じること

幻覚と妄想とはどのようなものでしょうか？

　記憶障害がある人は時々、幻覚や妄想を経験します。幻覚とは実際にそこにないものを感じることを指します。妄想は誤った何らかのことについて信じきっている状態です。認知症のある人の考えが間違っていることを説得できないことが多いです。幻覚や妄想は想像上のものでありますが、その人にはかなりリアルに思え、極度の不安、パニックさえも生じる可能性があります。

幻覚と妄想はなぜ起こるのでしょうか？

　認知症による視知覚の障害は、実際にはそこにいない人が見えることを信じるために起こる可能性があります。理解力が障害されると幻覚や妄想が生み出されます。

よくあるきっかけ

- 暗い、不快な環境（影を生じるようなむらのある光）
- 感染、熱、痛み、便秘、脱水のような身体症状
- （財布など）何かをどこかに置き忘れる
- 慣れた習慣の崩壊
- 知らない人が近くにいること
- 薬の副作用
- 視覚や聴覚の障害
- うるさすぎる騒音や、多すぎる活動

- 認知症のある人が悩まされていない幻覚や妄想は無視しましょう。例えば、認知症のある人が亡くなった親戚と話ができる、楽しい音楽が聞こえることを信じていることもあります。これはその人には心地よいことかもしれません。
- 何かが見えたり、聞こえたりすることについて議論することは避けましょう。
- 幻覚や妄想による恐怖感があるかもしれないことを認識しておきましょう。
- 認知症のある人の表出する感情に反応し、安心や快適な環境を提供しましょう。
- 暴力や乱暴な場面のあるテレビ番組が放送されるときは特に、テレビは消しておきましょう。テレビで見ていることと現実の区別ができないかもしれません。
- 他のトピックや活動を用意し、注意をそらしましょう。
- 他の部屋へ移動したり、外を散歩したりするのが効果的な可能性もあります。
- 認知症のある人の安全を確かめ、悪い影響を及ぼすものや、怪しい人へ近づかないようにしましょう。
- 幻覚や妄想が実際にないものなのかを確かめ、疑わしいものを調べましょう。
- 医師に相談しましょう。
    - ☐ 考えられる原因を調べるために、薬はまとめておきましょう。
    - ☐ 医学的原因を確認しましょう。
    - ☐ 視覚や聴覚の問題を確認しましょう。
    - ☐ 認知症のある人が暴力的で攻撃的なら、妄想を治療する可能性のある薬を調べましょう。

【 家の環境を変えましょう 】
- 毎日の習慣を維持し、介護者が頻繁に変わらないようにしましょう。
- 認知症のある人が使用しているエリアは十分な照明を確保し、夜は夜用の明かりをつけましょう。
- 安心してもらうために、身体的な接触をもちましょう。
- 認知症のある人に、安全であるという安心感を提供しましょう。
- メガネは綺麗か、補聴器は適切に機能しているかを確認しましょう。
- 社会交流がもてるように、その頻度と状況を調整しましょう（例えば、家に来る人の人数）。

17 睡眠障害

> **睡眠障害とはどのようなものでしょうか？**

- 記憶障害がある人はよく睡眠障害を経験しています。
- 入眠の障害、睡眠を持続することの障害、夜通し起きている、徘徊、夜中の興奮、起きたときの混乱などが、睡眠障害には含まれることがあります。

> **なぜ睡眠障害が起こるのでしょうか？**

- 痛み、背景疾患（糖尿病、うっ血性の心不全など）、感染（尿路感染など）、うつ、薬の副作用などが身体的、医学的原因として含まれます。
- 室温（暑すぎ、寒すぎ）、照明（明るすぎ、暗すぎ）、騒音（テレビ、ラジオ、人が往来する音）、環境の変化（自宅から病院へ入院）などが、環境的原因として含まれます。
- 日中の睡眠や居眠り、その日に起こったことで怒りや不安があること、運動不足、カフェインやアルコールの過剰摂取、空腹、思考・信念・夢の混乱などが他の要因として含まれます。

よくあるきっかけ

- 望ましくない、あるいは不快な環境
- 影を生じるようなむらのある光
- 感染、発熱、疼痛、空腹のような身体的要因
- 飲み過ぎ、特にカフェインやアルコールのような飲みもの
- １日を通しての不適切な身体活動
- 薬の副作用
- 視覚や聴覚障害
- うるさすぎる音や、刺激が多すぎる状況

- 薬、背景となる医学的問題、痛み、むずむず脚症候群、無呼吸（呼吸困難）は睡眠障害に影響しているかを医師に確認しましょう。
- 朝に飲んでいる覚醒を促す薬が影響していないか、医師に確認しましょう。
- 身体的活動の機会を含んだワンパターンの日常の習慣を確立しましょう。
- 午後5時くらいまでにはカフェイン飲料（コーヒー、紅茶、ソフトドリンク）やチョコレートを口にするのをやめましょう。
- 睡眠の助けになる環境（例えば、暗すぎない、明るすぎない、静かであるなど）を見つけましょう。
- ゆったりとした音楽を聴くなど、落ち着いた活動を含む寝る前の習慣を確立しましょう。
- もし、夜に徘徊が生じるようであれば、家の安全を確立しましょう（例えば、外へ通じるドアに鍵や警告アラームやベルを取り付ける、キッチンやストーブには近づかせない、危険なものには触れられないようにする、上ったり落ちたりすることがないように階段に柵を設ける）。
- 認知症のある人との口論は避け、次の日にやることは何かについて話をしましょう。
- 日中の居眠りを防ぎましょう。けれど、必要に応じて日中の早い時間に短い休息や居眠りをすることはよいでしょう。
- 暴力や乱暴な場面のあるテレビ番組が放送されるときは特に、テレビは消しておきましょう。

【 家の環境を変えましょう 】

- 毎日の習慣を維持し、（ホームヘルパーのような）介護者もコロコロ変わらないようにしましょう。
- 認知症のある人が使用しているエリアは十分な照明を保証し、夜は夜用の明かりをつけましょう。
- 安心してもらうために、身体的な接触をもちましょう。
- 認知症のある人に、安全であるという安心感を提供しましょう。
- メガネは綺麗か、補聴器は適切に動いているかを確認し、ベッドの近くに置いておきましょう。

Part 8

ワークシート

※本 Part で使用される「あなた」は介護者を指しており、
介護者を読者として想定した表現で記載しています。

ストレスダイアリー

自分に合っているストレス解消法を見つけるためにいくつか試してみましょう。それらの方法をしばらく行ってみることが大切です。あなたがその方法を行えば行うほど、ストレスが解消されるでしょう。また、最もストレスを感じた状況と、それらにどのようなストレス解消法が効果的であったか記録しておきましょう。この「ストレスダイアリー」は、その経過を残すことができます。ストレス解消法を行った前後で、以下の点数を使って、あなたのストレスレベルを表してみてください。

---

1 ＝まったくストレスがない　　2 ＝少しストレスを感じる　　3 ＝中等度のストレスを感じる
4 ＝かなりストレスを感じる　　5 ＝ひどくストレスを感じる

日　付	状　況	ストレスレベル	コメント
例) 2020.1.10	トイレに行くよう促したところ、大きな声で怒鳴られ、イライラさせられた。そのため音楽を聴きながらストレッチ体操を10分ほどした。	前：4 後：3	ゆっくりとした音楽と筋肉のストレッチで何となく落ち着いた。もう少し時間が長くてもよかったかも。
		前： 後：	
		前： 後：	
		前： 後：	
		前： 後：	

行動症状は、認知症の特徴で、認知症のどの段階でも起こる可能性があります。認知症のある人のほとんどは、1つか、それ以上の症状を経験します。計画された習慣や活動を行うことは、これから起きるかもしれない行動上の問題を防ぐのに役立ちます。あなたにとって対応が大変な症状もあるでしょう。このワークシートを使って、大変であった行動を説明し、いつ起こったのかを記録しましょう。

　調整したり、変えたりできそうなパターンや、その行動の潜在的な原因を見つけましょう。パターンが見えてきましたか？　その行動は、1日のうちの特定の時間帯に起こっていますか？家にいるときに起こっていますか？　夜ですか？　行動への対応を明確にするためにこのワークシートを参考にしてみましょう。医療従事者やあなた以外の家族が手助けとなるアイデアをもっているかもしれないので、このワークシートを一緒に使ってみましょう。

日　付	どのような行動か	その行動が起こった時間 （複数回の場合はすべて記入）	その行動が起こる前に、何があったのか	その行動が起こった後に、何があったか
例） 2020.1.10	浮気をしていると疑い、きつい言葉で詰め寄ってくる。	私が16時頃、ウォーキングから帰宅したとき。 私が夕食後（20時頃）に自室でパソコンをしているとき。	妻がテレビドラマに見入っていたので、ウォーキングに誘わなかった。 夕食のときに妻に買いものの重複買いを指摘した。	自分の姉に電話をして妄想（浮気話）をしていた。

￣ のヒントを、冷蔵庫や日常的に確認できる見やすい場所に貼りましょう。

し 毎日の活動をどのようにすればうまく行うことができるか、簡単に確認することができます。

場所を簡素化する
・活動を行う場所を心地よく整え、必要のないものは取り除く。 ・気が散るものは、なるべく減らす（テレビやラジオなど）。 ・活動するのに適した照明をつける。

活動を簡素化する
・活動は前もって準備しておく。 ・コントラストのはっきりした、明るい色の簡単な素材を使う。 ・必要であれば、ラベルを貼っておく。 ・工程数を制限する。

参加を促す
・反復の活動、もしくはなじみのある活動を選ぶ。 ・ストレスを感じないように言葉で、もしくは手を取って手伝う。 ・励ましたり、褒めたりする。 ・正しい方法や間違った方法はない、ということを覚えておく。

効果的なコミュニケーション
・落ち着いた声で話す。 ・簡単な1〜2つの手順を伝える。 ・否定的な発言は避ける。なるべく前向きな発言をする。

4 能力の変化に伴う活動の調整

認知症のある人の能力は変化するでしょう。以前は楽しんでできていた活動が難しくなっているかもしれません。

活動を簡素化し続ける
・使う材料を減らす。 ・活動を完了するまでの工程を減らす。 ・指示を簡単にする。手を取って伝えたり、見本を見せる。
受け身の活動を用いる
・ビデオ鑑賞 ・音楽鑑賞 ・写真鑑賞
あなたの期待を変える ― ルールは柔軟に ― 強みを使う
・自分で選んで、色の合わない服を着ていてもよしとする。 ・ピアノが弾けなくなっても、一緒に歌うことを楽しむ。

時間とともに、認知症のある人の能力は変化していきます。活動への参加ができるように、活動を簡素化する必要があるかもしれません。このワークシートを使って、特定の活動をリストにし、どのように簡素化できるか考えてみましょう。例えば、認知症のある人がサラダを作るのが好きなのに、材料を安全に切ることができなくなっているとすれば、すでにカットされている野菜を買ってくるか、介護者が材料を切って小さな容器に入れ、認知症のある人がまぜ合わせるようにする。また、認知症のある人が、ビーズでネックレスを作るのが好きなのに、紐にビーズを通すことができなくなっている場合、代わりに、その人にビーズを色分けしてもらうことができるかもしれません。これらは、認知症のある人が自分でできたり、活動に参加できるように、活動内容をより良く適応させる例の一部です。

活動内容	活動を簡単にする方法
例) 野菜サラダを作る。	・カット野菜を使う。 ・自分が野菜を切ってボールに入れ、妻にはドレッシングをかけてまぜてもらう。

❻ 毎日の生活をしやすくする工夫

あなたが難しく感じているケアの内容を明らかにし、この本に載っている有効に使えそうな対応を抜き出してみましょう。このワークシートに使えそうな対応方法を書いておくと、日常的に見ることができ、他の家族にもより簡単に、対応のヒントを知ってもらえます。

対応が難しいケア	より良い状態になるための対応方法のリスト
例） 不安、うつがあり無気力な状態。	・毎日の習慣を維持する。 ・心配や不安な気持ちを聞く機会をつくる。 ・優しく背中をさすったり、手を握ってあげる。 ・昔していた活動（音楽を聴く）をまた楽しむ。

どのような対応方法が有効でしたか？

例）毎日の習慣を維持すること、心配や不安な気持ちを聞く機会をつくる。
　　毎朝、同じ時間に優しく声をかけて目を覚まさせ、決まった時間に三食食べるようにした。また、それらの関わりのときに心配や不安な気持ちを傾聴することで、平静を保ち、夜の睡眠も十分にとれているようだ。

どのような対応方法がうまくいかなかったですか？

例）自分が夕食準備をしているときに、本人のベッドの横で昔よく聞いていた演歌を流してみたが、あまり聴いていないようだった。

どのような対応方法や活動を現在もしくは今後、検討していきたいですか？

例）音楽は、昼食後に唱歌を聴いたり歌ったりすることを試みる。お話し相手をしてくれる有償ボランティアサービスでこれらをしてもらえるよう、社会福祉協議会に依頼する。

あ と が き

　このあとがきを書いているいま、新型コロナウイルス感染症が世界中で流行し、日本では全国に緊急事態宣言が発令され、外出を自粛するよう求められています。認知症のある人の中にはデイサービスや高齢者サロンなどに行くことを制限され、家の中で過ごす時間が増えることによって、イライラして不穏になったり、攻撃的になったり、無為に過ごしたりしている人たちが増えています。認知症のある人にとって、活動をすることがいかに重要であるかを、新型コロナウイルス感染症が教えてくれているようです。

　本書の翻訳に当たっては、それぞれの訳者が自分の担当する章や項を和訳したあと、１か所に集まり、あるいはオンライン会議を使って、翻訳の内容や表現方法を確認したり、議論したりしました。中には文化の違いにより原本の内容を理解しにくい部分がありましたが、そのようなときには訳者のひとりである内山氏が、長年のアメリカ生活をもとにわかりやすく解説をしてくれました。本書を訳す中で、文化が違っていても、認知症のある人が活動を円滑に行い、そこから何かを得るためには、その人が歩んできた人生を振り返ったり、環境を整えたり、活動のやり方を工夫したりすること、つまり「人──環境──活動」の視点が重要であることを再認識しました。

　本書の発行に際して、クリエイツかもがわの岡田温実さん、菅田亮さんには、私たちのこの本の出版に対する熱い想いを真摯に聞いていただき、また読者が手に取りやすい本になるためのデザイン、日本語表現について助言をしていただきました。この本が出版できるのはお二人のおかげだと心より感謝しています。この本が認知症のある人を介護する家族や、その指導に当たる専門職の人たちの役に立つことを切に願っています。

　なお、現在訳者らは、セラピーやケアの質を高める「活動の質評価法：A-QOA（Assessment of quality of activities）」を開発しています。これは認知症のある人が、自然な文脈の中で活動を行っている際の、活動の質を観察から評価するためのツールです。興味のある方はぜひ、A-QOAのホームページ（https://www.a-qoa.com）をご覧ください。

2020年5月

訳者一同

■ 著者 PROFILE

ローラ・N・ギトリン (Laura N. Gitlin) 博士

ドレクセル大学 看護健康専門職カレッジ長／特別教授、アメリカ老年学会名誉上級会員、アメリカ看護アカデミー名誉上級会員、アメリカ作業療法協会会員。国際的に活用されている地域での本人・家族支援プログラムを複数開発してきた、世界を代表する認知症ケア研究者（応用社会学者）。

キャサリン・ヴェリエ・ピアソル (Catherine Verrier Piersol) 博士

トーマスジェファーソン大学 作業療法学科長、ジェファーソンケア（認知症のある人や家族のための相談＆トレーニングセンター）のディレクター、アメリカ作業療法協会会員、アメリカ老年学会会員。ギトリン氏と共に国際的に評価の高い地域での本人・家族支援プログラムや評価ツールを開発してきた認知症ケア研究者（作業療法士）。

■ 訳者 PROFILE

西田征治　NISHIDA Seiji　　　　　　　　　　　　　　第1章、第2章、第7章1-5

県立広島大学　保健福祉学部　作業療法学科　教授

2011年、広島大学大学院保健学研究科修了、博士（保健学）。作業療法士免許取得後、九州労災病院、柳川リハビリテーション学院、広島県立保健福祉大学を経て、現在に至る。

小川真寛　OGAWA Masahiro　　　　　　　　　　　　第5章、第6章、第7章10-17

神戸学院大学　総合リハビリテーション学部　作業療法学科　准教授

2011年、広島大学大学院保健学研究科修了、博士（保健学）。作業療法士免許取得後、大学病院、回復期リハ病棟、デイケア、デイサービスや老健などで勤務。2014年より京都大学入職、2017年より京都大学医学部附属病院を経て、現在に至る。

白井はる奈　SHIRAI Haruna　　　　　　　　　　　　　　　第3章、第4章

佛教大学　保健医療技術学部　作業療法学科　准教授

2011年、広島大学大学院保健学研究科修了、博士（保健学）。作業療法士免許取得後、大阪府済生会中津病院、広島大学大学院保健学研究科助手、京都大学医学部附属病院デイ・ケア診療部、京都大学大学院医学研究科助教、佛教大学講師を経て、現在に至る。

内山由美子　UCHIYAMA Yumiko　　　　　　　　　　　　　第7章6-9、第8章

作業療法士

2014年、ニューヨーク大学　ポストプロフェッショナルプログラム　作業療法学科修士課程修了。作業療法士免許取得後、回復期リハ病棟にて勤務。その後、渡米。7年間アメリカで生活後、日本に帰国。現在に至る。

左から内山、小川、白井、西田

**作業療法士がすすめる
認知症ケアガイド**
行動心理症状の理解と対応＆活動の用い方

2020年 8 月15日　初版発行

著　者●ⓒローラ・N・ギトリン
　　　　　キャサリン・ヴェリエ・ピアソル
訳　者●西田征治・小川真寛・白井はる奈・内山由美子
発行者●田島英二　info@creates-k.co.jp
発行所●株式会社 クリエイツかもがわ
　　　　〒601-8382　京都市南区吉祥院石原上川原町21
　　　　電話 075（661）5741　FAX 075（693）6605
　　　　http://www.creates-k.co.jp
　　　　郵便振替　00990-7-150584
デザイン●菅田　亮
イラスト●ホンマヨウヘイ
印 刷 所●モリモト印刷株式会社
ISBN978-4-86342-294-0 C0036　printed in japan

認知症介護の悩み 引き出し 52　「家族の会」の"つどい"は知恵の宝庫
公益社団法人認知症の人と家族の会／編

介護に正解はない！ 認知症のある本人、介護家族・経験者、「家族の会」世話人、医療・福祉・介護の専門職などの多職種が悩みにこたえる。「共感」を基本とした複数のこたえと、相談者のその後を52事例で紹介！
寄稿：武地 一 医師（藤田医科大学医学部 認知症・高齢診療科 教授）、コスガ聡一さん（「全国認知症カフェガイド on the WEB」案内人、フォトグラファー）　　2000円

認知症になってもひとりで暮らせる　みんなでつくる「地域包括ケア社会」
社会福祉法人協同福祉会／編

医療から介護へ、施設から在宅への流れが加速する中、これからは在宅（地域）で暮らしていく人が増えていくが、現実には、家族や事業者、ケアマネジャーは要介護者を在宅で最後まで支える確信がないだろう。人、お金、場所、地域、サービス、医療などさまざまな角度から、環境や条件整備への取り組みをひろげる協同福祉会「あすなら苑」（奈良）の実践。　　1200円

認知機能障害がある人の支援ハンドブック　当事者の自我を支える対応法
ジェーン・キャッシュ＆ ベアタ・テルシス／編著　訓覇法子／訳

認知症のみならず高次脳機能障害、自閉症スペクトラム、知的障害などは、自立した日常生活を困難にする認知機能障害を招き、注目、注意力、記憶、場所の見当識や言語障害の低下を起こす。生活行為や行動の意識、認知機能に焦点を当てたケアと技能を提供する。　　2200円

認知症のパーソンセンタードケア　新しいケアの文化へ
トム・キットウッド／著　高橋誠一／訳

認知症の見方を徹底的に再検討し、「その人らしさ」を尊重するケア実践を理論的に明らかにし、世界の認知症ケアを変革！ 認知症の人を全人的に見ることに基づき、質が高く可能な援助方法を示し、ケアの新しいビジョンを提示。　　2600円

認知症を乗り越えて生きる　"断絶処方"と闘い、日常生活を取り戻そう
ケイト・スワファー／著　寺田真理子／訳

49歳で若年認知症と診断された私が、認知症のすべてを書いた本！
医療者や家族からの"断絶処方"でなく、診断後すぐのリハビリと積極的な障害支援で今まで通りの日常生活を送れるように！ 不治の病とあきらめることなく闘い続け、前向きに生きることが、認知症の進行を遅らせ、知的能力、機能を維持できる！　　2200円

私の記憶が確かなうちに　「私は誰？」「私は私」から続く旅
クリスティーン・ブライデン／著　水野裕／監訳　中川経子／訳

46歳で若年認知症と診断された私が、どう人生を、生き抜いてきたか。22年たった今も発信し続けられる秘密が明らかに！ 世界のトップランナーとして、認知症医療やケアを変革してきたクリスティーン。認知症に闘いを挑むこと、認知症とともに元気で、明るく、幸せに生き抜くことを語り続ける…。　　2000円

私は私になっていく　認知症とダンスを〈改訂新版〉
クリスティーン・ブライデン／著　馬籠久美子・桧垣陽子／訳

3刷

ロングセラー『私は誰になっていくの？』を書いてから、クリスティーンは自分がなくなることへの恐怖と取り組み、自己を発見しようとする旅をしてきた。認知や感情がはがされていっても、彼女は本当の自分になっていく。　　2000円

私は誰になっていくの？　アルツハイマー病者から見た世界
クリスティーン・ボーデン／著　桧垣陽子／訳

22刷

認知症という絶望の淵から再び希望に向かって歩み出す感動の物語！
世界でも数少ない認知症の人が書いた感情的、身体的、精神的な旅―認知症の人から見た世界が具体的かつ鮮明にわかる。　　2000円

全国認知症カフェガイドブック　認知症のイメージを変えるソーシャル・イノベーション
コスガ聡一／著

「認知症カフェ」がセカイを変える――個性派28カフェに迫る　全国の認知症カフェ200か所以上に足を運び、徹底取材でユニークに類型化。さまざまな広がりを見せる現在の認知症カフェの特徴を解析した初のガイドブック。武地一医師（藤田医科大学病院、「オレンジカフェ・コモンズ」創立者）との対談も必読！　　2000円